前　言

有人说：读书“足以怡情，足以博彩，足以长才”，使人开茅塞、除鄙见、得新知、养性灵——因为书中有着广阔的世界，书中有着永世不朽的精神，虽然沧海桑田，物换星移，但书籍永远是新的。所以，热爱读书吧！像饥饿的人扑到面包上那样，热爱读书，阅读撼人心弦的高贵作品，亲炙伟大性灵的教化，吸收超越生老病死的智慧精华，把目光投向更广阔的时空，让心灵沟通过去和未来、已知和未知。

世纪老人冰心说过：“读书好，好读书，读好书。”这是一句至理名言。读一本好书，可以使人心灵充实，使人明辨是非，使人有爱心和文明行为、礼仪规范；而读一本坏书，则使人心胸狭窄、不知羞耻、自私残暴。

为什么而读书呢？一是为读书而读书，没有明显的目的；二是为了考上一所好大学；三是为了古人所说的“修身养性”；四是为了中华民族的伟大复兴。在这四种人中，第一种人是最可怜的，因其无理想、无奋斗目标，“不是我想读书，是父母硬要我来读书的”。没有理想的人就如无源之水、无本之木，其生命之泉将提前枯竭，留在世上的只是一堆行尸走肉罢了。在青少年时代就没有人生理想，这是最可怕的。我们要坚信，明天的失败都是由于今天不努力。第二种人目标明确，父母花了大价钱将其送进中学，就是为了考个好大学，将来混个好前程，这种人个人的算盘打得好，挺“现实”

的——古人所说的“书中自有黄金屋，书中自有颜如玉”，应该是这类人的追求目标。第三种人读书，是为了“修身养性”。我国儒家曾把人生奋斗的目标定为三个层面七个字——“修身、齐家、平天下”。所谓“修身”，就是陶冶个人情操、培养个人品质，做社会的一个优秀分子；所谓“齐家”，就是说管理好家庭（甚至家族）；所谓“平天下”，就是说你若能“修好身、齐好家”，那么就把你的才华用来治理社会，为社会做贡献。“修身”是儒家人为自己定的最基本的人生标准。这种境界也是相当不错的。第四种人读书，乃为立志成为社会的栋梁之材。事实证明，读书决定一个人的修养和境界，关系一个民族的素质和力量，影响一个国家的前途和命运。一个不读书的人、不读书的民族，是没有希望的。

约一个世纪以前，有一位单瘦的学生在回答老师为什么而读书的时候，充满自信地说出“为中华之崛起而读书”的誓言，并用毕生心智去实现他的诺言，赢得了全中国乃至世界人民的敬重——他，就是我们敬爱的周恩来总理。

亲爱的同学，若你热爱生命的话，那就认真读书吧！书籍是全人类智慧的结晶、是人类进步的阶梯，书籍可以帮助你跟上时代的步伐。“半亩方塘一鉴开，天光云影共徘徊。问渠哪得清如许，为有源头活水来。”通过读书，可以让你掌握知识、增强本领、敢于创新，可以给你智慧、勇敢和温暖，可以使你成为知识的富翁和精神的巨人，成为我们伟大祖国21世纪的高素质的建设者。

这套《菁菁校园精品读物丛书》汇集了励志格言、名人诗词、人文、历史等方面的知识，相信会成为你课余学习的一种精神食粮。

MINGREN GEYAN

本书编写组◎编

名人格言

人生有涯而学海无涯。学子以有限的人生通晓万物是根本不可能的，但校园之中采英撷要，广见识，记精要，不失为精明学子为学之道。

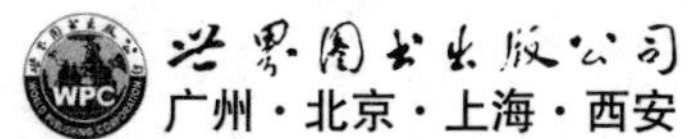

广州·北京·上海·西安

图书在版编目（CIP）数据

名人格言/《菁菁校园精品读物丛书》编委会编．—广州：广东世界图书出版公司，2009. 5 （2024.2 重印）
（菁菁校园精品读物丛书）
ISBN 978 - 7 - 5100 - 0633 - 3

Ⅰ. 名… Ⅱ. 菁… Ⅲ. 格言—汇编—世界 Ⅳ. H033

中国版本图书馆 CIP 数据核字（2009）第 072295 号

书　　名	名人格言 MING REN GE YAN
编　　者	《菁菁校园精品读物丛书》编委会
责任编辑	许逸红
装帧设计	三棵树设计工作组
出版发行	世界图书出版有限公司　世界图书出版广东有限公司
地　　址	广州市海珠区新港西路大江冲 25 号
邮　　编	510300
电　　话	020-84452179
网　　址	http://www.gdst.com.cn
邮　　箱	wpc_gdst@163.com
经　　销	新华书店
印　　刷	唐山富达印务有限公司
开　　本	787mm×1092mm　1/16
印　　张	13
字　　数	160 千字
版　　次	2009 年 5 月第 1 版　2024 年 2 月第 10 次印刷
国际书号	ISBN　978-7-5100-0633-3
定　　价	49.80 元

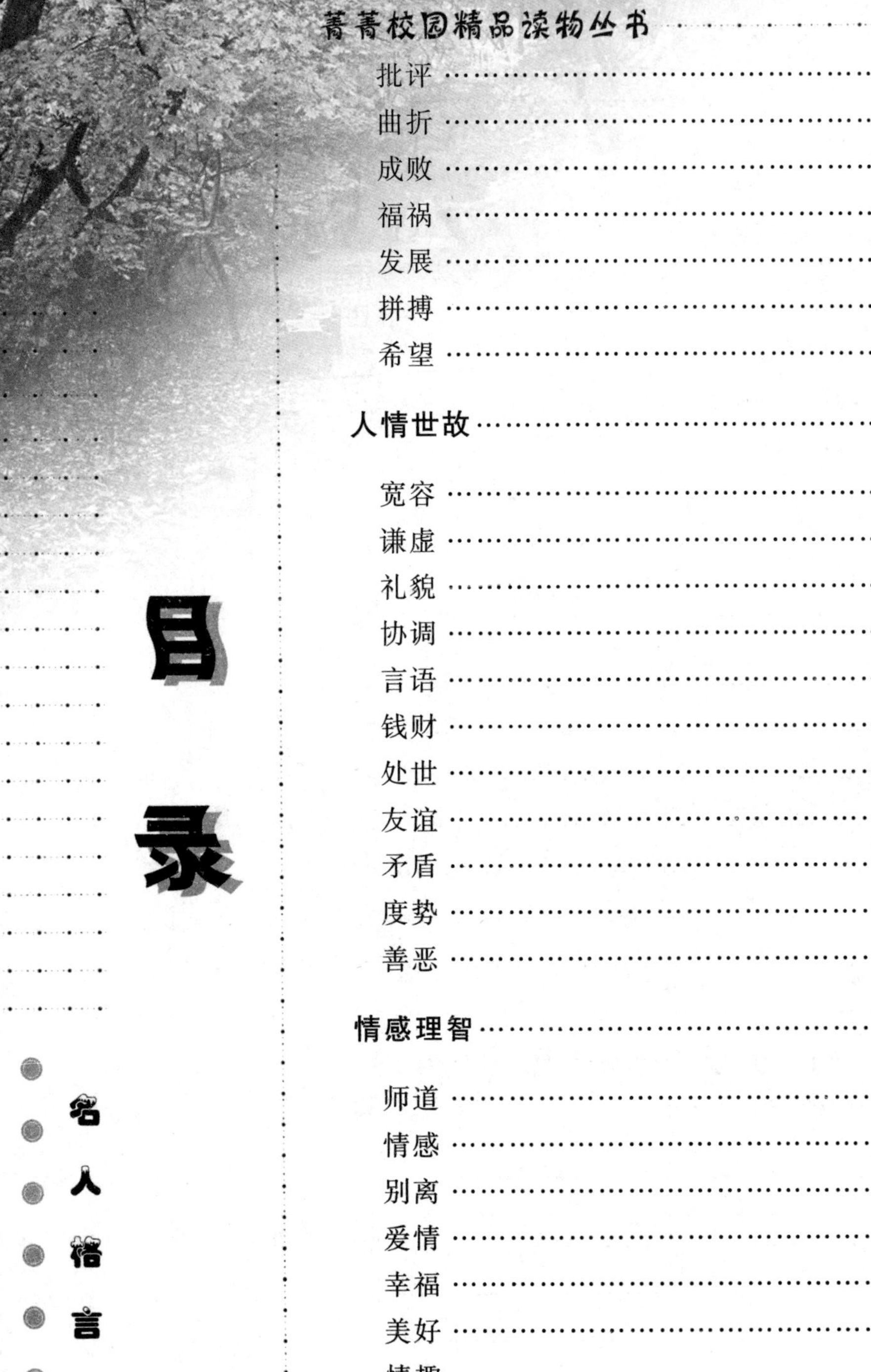
目
录
名
人
格
言

求知岁月

理想是指路明灯。没有理想，就没有坚定的方向；没有方向，就没有生活。

——列夫·托尔斯泰

少年易老学难成，一寸光阴不可轻。

——朱熹

自学，不怕起点低，就怕不到底。

——华罗庚

聪明睿智的特点就在于，只需看到和听到一点，就能长久地考虑和更多地理解。

——布鲁诺

理想 lixiang

人应该不断地努力工作，为自己树立为之奋斗的崇高理想。如果没有崇高理想，他怎会有使命呢？如果生活中没有了使命，我们活着还有什么意义呢？

——安瓦尔·萨达特

实现理想，实在不是一件容易事。理想虽是建筑在现实社会的物质基础之上，但理想是超过现实社会的东西。

——张闻天

在任何困难之下，坚持自己的理想，坚持为自己理想的实现而奋斗，是绝对必要的。没有这种坚持性，任何理想也就不能实现。

——张闻天

一个人，如果在同爱人的相互关系中对义务感格格不入，那么在争取社会理想的斗争中也不可能是个道德坚定的人。

——苏霍姆林斯基

伟大的理想只有经过忘我的斗争和牺牲才能胜利实现。

——乔万尼奥里

任何理想，包括以世俗的意识形态表现出来的理想，都是人的需要的表现。我们必须充分重视这些理想的真实性，充分估计到它们有助于拓展人的力量的程度，充分估计到它们现实地解答人的追寻世界的平衡与和谐的需要的程度。

——弗洛姆

不要陷入眼前的琐碎事务而不能自拔，而要在自己心中培养对未来的理想，因为理想是一种特殊的阳光，没有阳光赋予生命的作用，地球会变成石头。

——弗兰西斯·培根

理想好比泥土中生长出来的花，它虽生长在泥土中，但它又不是泥土。

——张闻天

要使理想的宫殿变成现实的宫殿，必须通过埋头苦干、不声不响的劳动，一砖一瓦地去建造。

——高尔基

人类的心灵需要理想甚于需要物质。

——雨果

生活中没有理想的人，是可怜的人。

——屠格涅夫

每个人都有一定的理想，这种理想决定着他的努力和判断的方向。

——爱因斯坦

进化是永远继续不断的，理想是不熄的光明。

——德莱塞

理想的事物，存在于我们生活本身之中。

——苏霍姆林斯基

大自然剥夺了人类四肢爬行的能力时，又给了他一根拐杖，这就是理想。

——高尔基

我们要革新的破坏者，因为他内心有理想的光。

——鲁迅

革命理想，不是可有可无的点缀品，而是一个人生命的动力，有了理想，就等于有了灵魂。

——吴运铎

追求理想是一个人进行自我教育的最初的动力，而没有自我教育就不能想像会有完美的精神生活。

——苏霍姆林斯基

理想就是人在不断前进中所追求的坚定不移的范本。

——雨果

我们的斗争和劳动，就是为了不断地把先进的理想变为现实。

——周扬

身体的最高美只有人才有，而人之所以有这种最高美是由于理想。

——莱辛

目标愈高，志向就愈可贵。

——塞万提斯

世界上总有人抛弃了理想，理想却从来不抛弃任何人。给罪人新生，理想是还魂的仙草；唤浪子回头，理想是慈爱的母亲。

——流沙河

闪射理想之光吧，心灵之星！把光流注入未来的暮霭之中。

——泰戈尔

惜时 xishi

不饱食以终日，不弃功于寸阴。

——葛洪

明日复明日，明日何其多。我生待明日，万事皆蹉跎。

——钱鹤滩

墨磨日短，人磨日老，寸阴是竞，尺璧勿宝。

——黄兴

题诗寄汝非无意，莫负青春取自惭。

——于谦

今日复今日，今日何其少！今日又不为，此事何时了？人生百年几今日，今日不为真可惜！若言姑待明朝至，明朝又有明朝事。

——文嘉

逝者如斯夫，不舍昼夜。

——孔子

现在的这一分钟都是经过了过去无数亿万分钟才出现的，世上再没有比这一分钟和现在更好的了。

——惠特曼

一年好景君须记，正是橙黄橘绿时。

——苏轼

青春须早为，岂能长少年！

——孟郊

人生七十古来少，前除年幼后除老；中间光景不多时，又有严霜与烦恼。

——唐寅

记住吧：只有一个时间是重要的，那就是现在！

——托尔斯泰

你爱惜你的生命吗？假如是这样，你就不可浪费时间，因为时间就是塑造生命的材料。

——富兰克林

你若是爱千古，你应该爱现在；昨日不能唤回来，明天还是不实在；你能确有把握的，只有今日的现在。

——爱默生

懦弱和自私的人无法面对痛苦的现实人生，但我们这些平凡的人却能够。

——班生

只有把时间切断的时候我们才会感到时间的流动和运动。

——米歇尔·比托尔

恨不得挂长绳于青天,系此西飞之白日!

——李白

世界上最快而又最慢,最长而又最短,最平凡而又最珍贵,最容易被忽视而又最令人后悔的就是时间。

——高尔基

除了聪明没有别的财产的人,时间是唯一的资本。

——巴尔扎克

这个时间因素必不可少。一个研究人员可以居陋巷,吃粗饭,穿破衣,可以得不到社会的承认。但是只要他有时间,他就可以坚持致力于科学研究。一旦剥夺了他的自由时间,他就完全毁了,再不能为知识作贡献。

——坎农

一个钟头有六十分钟,一天就超过了一千。

孩子啊,明白这个道理后,就知道人可作出多少贡献。

——歌德

弃我去者,昨日之日不可留。

——李白

往往他的业务活动比他的职业还更重要,因为一个人的前途往往全靠他怎样用他的闲暇时间。

——胡适

明天的时光长于逝去的时光,行动的动力是我们不死的愿望。不管何处是生命的尽头,活一天就要有一天的希望。

——莱蒙托夫

时间是衡量事业的标准。

——弗兰西斯·培根

两地之间最长的间隔是时间。

——田纳西·威廉斯

时间的奉献比金钱的奉献更有价值。

——唐纳德·特朗普

我们越是深入地分析时间的自然性质，我们就越懂得时间的延续就意味着发明，就意味着新形式的创造，就意味着一切新鲜事物连续不断地产生。

——柏格森

最严重的浪费就是时间的浪费。

——布丰

科学需要一个人贡献出毕生的精力，假定你们每个人有两次生命，这对你们说来也还是不够的。

——巴甫洛夫

在所有的批评家中，最伟大、最正确、最天才的批评家就是时间。

——别林斯基

不，亲爱的灵魂，别期望什么无限的生命。而相信，要穷尽你从现实里所能完成的一切。

——品达

君要花满园，桃李趁时栽。

——辛弃疾

抛弃时间的人，时间也抛弃他。

——莎士比亚

正当地利用你的时间！你要理解什么，不要舍近求远。

——歌德

时间最不偏私，给任何人都是二十四小时，时间也最偏私，给任何人都不是二十四小时。

——赫胥黎

人们常觉得准备的阶段是在浪费时间，只有当真正机会来临，而自己没有能力把握的时候，才能觉悟自己平时没有准备才是浪费了时间。

——罗曼·罗兰

时间是人类发展的空间。

——马克思

时间是最大的革新家。

——弗兰西斯·培根

真理是时间的儿子。

——勉思

在农业社会阶段，在时间观念上习惯面向过去看，工业社会的时间倾向是注意现在，而信息社会里，人们的时间倾向是将来。

——约翰·奈斯比特

时间长着一副利爪，它会抓破娇嫩的脸。

——艾青

时间，只是在我们度过了以后才变得神圣起来。

——约翰·巴勒斯

心灵的致命的仇敌，乃是时间的磨蚀。

——罗曼·罗兰

好学 haoxue

要使理想的宫殿变成现实的宫殿，必须通过埋头苦干，不声不响地劳动，一砖一瓦地去建造。

——高尔基

如果不想在世界上虚度一生，那就要学习一辈子，学习永远不晚。

——高尔基

求知的目的不是为了吹嘘炫耀，而应该是为了寻找真理，启迪智慧。

——弗兰西斯·培根

学问能使人的思想变得温驯、慷慨、柔韧、易于驾驭。

——弗兰西斯·培根

求知可以改进人的天性，而实验又可以改进知识本身，人的天性犹如野生的花草，求知学习好比修剪移栽。

——弗兰西斯·培根

读书使人的头脑充实，讨论使人明辨是非，做笔记则能使知识精确。

——弗兰西斯·培根

所谓天才，那是假话，勤奋的工作才是实在的。

——爱迪生

博学多才其实只是给专门者准备了一个足够的活动天地而已。

——歌德

人生最美好的主旨和人类生活最幸福的结果，莫过于学习了。

——巴尔扎克

为学患无疑，疑则有进。

——陆九渊

学不必博，要之有用；仕不必达，要之无愧。

——罗大经

君子学必好问，问与学相辅而行者也。非学无以致疑，非问无以广识。

——刘开

凡善之生也，皆学之所由。

——刘向

光读书不思考也许能使平庸之辈知识丰富，但决不能使他们头脑清醒。

——诺里斯

食不绝口使人健壮；书不离手使人聪慧。但只有思考和消化书上的知识，才能发挥书的作用，给人的头脑以健康和活力。

——杰·柯里尔

知之必好之，好之必求之，求之必得之。

——朱熹

人是有思想的动物，不会学，有愧于为人。

——谢觉哉

阅读意味着借债；在阅读中有所创见就是偿还了欠债。

——利希滕贝格

人不能像走兽那样活着，应该追求知识和美德。

——但丁

不学无术的人的想像力不过只有翅膀没有脚。

——富兰克林

彻底消化几本书，强于把几百书放在嘴里不咽下去。

——托·奥斯本

学习、学习，唯有学习，才能产生奇迹。

——武者小路实笃

学问是我们随身的财产，我们自己在什么地方，我们的学问也跟着我们在一起。

——莎士比亚

日习则学不忘，根深而枝叶茂。

——徐干

君子之于学也，其不懈，犹亡天之动，犹日月之行。

——徐干

让我们埋头苦学，与伟大的死者高谈阔论。

——汤姆逊

书海浩瀚，扑进去其乐无穷。

——叶辛

对我来说，不学习，毋宁死。

——罗蒙诺索夫

黑发不知勤学早，白首方悔读书迟。

——颜真卿

一个热衷于追求知识的人和一个已厌倦一切而想找一本书来消遣的人，两者之间有极大的差异存在。

——切斯特顿

君子之学，死而后已。

——顾炎武

为学之道，必本于思。思则得知，不思则不得也。

——晁说之

行是知之始，学非问不明。

——陶行知

对搞科学的人来说，勤奋就是成功之母！

——茅以升

学必求其心得，业必贵于专精。

——章学诚

书是随时在近旁的顾问，随时都可以供给你需要的知识，而且可以按照你的心愿，重复这顾问的次数。

——凯勒司

泛观博取，不若熟读而精思。

——朱熹

非静无以成学。

——诸葛亮

不广求，故得；不杂学，故明。

——王通

在这科学日益发展的时代里，如果我们及我们的子孙不加速求知，怎能赶上时代的剧变呢？

——库特·阿尔德

任何一种学问均必由浅入深，由近及远，由常人所及者引人其所不及知。

——梁漱溟

蜜蜂以兼采为味。

——裴松之

必须有所知，否则不如死。

——罗曼·罗兰

一个人应该为知识不广博而害羞。

——张衡

向所有人学习，不论向敌人或朋友都要学习，特别是向敌人学习。

——斯大林

参天的大树是从一颗小树种长起的。

——托·富勒

天才属于真正的图书爱好者。图书事业中的天才，堪与音乐天才相媲美。

——李定

唯有学习，不断地学习，才能使人聪明；唯有努力，不断地努力，才会出现才能。

——华罗庚

求知是无止境的，我们必须永远保持谦虚好学的品质。

——吴运铎

人非生而知之者，孰能无惑？惑而不从师，其为惑也，终不解矣。

——韩愈

学不至于乐，不可谓之学。

——盛如梓

为学从切实处下手，自不落空。

——王豫

发愤识遍天下字，立志读尽人间书。

——苏东坡

韦编屡绝铁砚穿，口诵手抄那计年。

——陆游

观天下书未遍，不得妄下雌黄。

——颜之推

人生百病有已时，独有书癖不可医。

——陆游

我们需要文化，就像需要空气一样。

——加里宁

没有疑问就等于没有学问。

——托·富勒

人心的能量是无限的，他的知觉的进程像个无底的深渊。

——夸美纽斯

读书虽可喜，何如躬践履。积金不积书，守财一何鄙。

——刘岩

为学作事，忌求近功。

——黄宗羲

学问之道，唯虚受益；虚则益明，明则益虚。

——梁章钜

少而好学，如日出之阳；壮而好学，如日中之光；老而好学，如炳烛之明。

——刘向

问事弥多，而见弥博。

——王充

玉不琢，不成器；人不学，不知道。

——戴圣

博学而不穷，笃行而不倦。

——戴圣

好学近乎知，力行近乎仁，知耻近乎勇。知斯三者，则知所以修身。

——戴圣

或生而知之，或学而知之，或困而知之，及其知一也。

——戴圣

博学之，审问之，慎思之，明辨之，笃行之。

——戴圣

君子有三患：未之闻，患弗得闻也；即闻之，患弗得学也；即学之，患弗能行也。

——戴圣

人才有高下，知物而学；学之乃知，不问不识。

——王充

修学好古，实事求是。

——班固

生而知之者寡矣，学而知之者众矣。

——荀况

人好学，虽死犹存；不学者，虽存，谓之行尸走肉耳。

——王嘉

积学以储宝，酌理以富才。

——刘勰

知不足者好学，耻下问者自满。

——林逋

读书 dushu

读书使人心明眼亮。

——伏尔泰

人类的全部生活都依次在书本中留下印记，种族、人群、国家消逝了，书却依然存在。

——赫尔岑

三日不读书，便觉语言无味。

——朱舜水

读书之乐何处寻，数点梅花天地心。

——朱熹

开卷有益，在乎用心。

——李蕊

独有书可医胸中俗气。

——钱琦

读一本好书，会使你更坚强，更聪明，更坦然。

——苏德拉勃卡恩

读书之法，莫贵于循序而致精；而致精之本，则又在居敬而持志。

——朱熹

学者观书，每见每知新意则学进矣。

——张载

腹有诗书气自华。

——苏轼

博观而约取，厚积而薄发。

——苏轼

旧书不厌百回读，熟读沉思子自知。

——苏轼

读书须知出入法，始当求所以入，终当求所以出。

——陈善

读书无疑者，须教有疑；有疑者却要无疑，到这里方是长进。

——朱熹

读书有三到，谓心到、眼到、口到。心、眼、口并用之中，以用心最为紧要。心思专一了，眼、嘴哪有不用的呢？三到之中，心到最急。心既到矣，眼口岂不到乎！

——朱熹

问渠那得清如许，为有源头活水来。

——朱熹

要知天下事，须读古人书。

——冯梦龙

非读书不能作文，非熟读不能作文。

——朱舜水

善读书者，始乎博，终乎约。

——汪琬

善读书者曰攻曰扫，攻则直透重围，扫则了无一物。

——郑板桥

熟读唐诗三百首，不会吟诗也会吟。

——孙洙

读未见书如得良友，见已读书如逢故人。

——金兰生

读书贵能疑，疑乃可以启信；读书在有渐，渐乃克底有成。

——金兰生

读死书是害己，一开口就害人。

——鲁迅

人是活的，书是死的。活人读死书，可以把书读活。死书读活人，可以把人读死。

——郭沫若

求知识的门径很多，如实验、观察、游历、交友、从师以及读书都是，但是要算读书为最经济。

——杨贤江

加紧学习，抓住中心，宁精勿杂，宁专勿多。

——周恩来

要多读书，用功读书，但是还得善于读书。

——吴晗

与雄心壮志相伴而来的，是老老实实循序渐进的学习方法。

——华罗庚

读书不必求多，而要求精。这是历来读书人的共同经验。

——邓拓

学问是光明，蒙昧是黑暗。念书吧！

——契诃夫

读书是好的，但必须记住，书不过是书，要自己动脑筋才好！

——高尔基

最有益的不是博览群书，而是选择有用的书阅读。

——第欧根尼

我在悲痛时想在书中寻找安慰，结果得到的不仅是慰藉，而且是深深的教诲，就像有人为了寻找银子，竟然发现了金子一样。

——但丁

人的天性犹如野生的花草，求知学习好比修剪移栽。

——弗兰西斯·培根

读书使人充实；讨论使人机智；笔记使人准确。

——弗兰西斯·培根

有技艺的人鄙视读书；无知的人羡慕读书；唯有明智的人才以读书为本。

——弗兰西斯·培根

精神上的各种缺陷，都可以通过求知来改善——正如身体上的缺陷可以通过适当的运动来改善一样。

——弗兰西斯·培根

读书可以帮助你忘记你的悲哀。

——莎士比亚

我倒要请问，读书的目的究竟是什么？知道我们所不知道的事情。你的意思是说那些我们常识所不能窥察的事情吗？正是，那就是读书的莫大报酬。

——莎士比亚

要想受益于书本，就必须虚心地、专一地、诚实地去读；人在任何时候都不能贪图博学的虚名。

——曼·托马斯

无论什么时候，想摆脱令人烦恼的胡思乱想，不妨去求助于书本。

——托·富勒

读书于思想犹如运动之于身体，运动使人健壮，读书使人贤达。

——爱迪生

人要读书，哪怕是读一本笑话，也比不读书要好。

——切斯特菲尔德

书对人的思想有着一种潜移默化的作用。我们无法随心所欲地抹掉头脑里的概念。一个读科学书籍的人，即使不是为了增长自己的科学知识，也会变得博学强识；一个爱读道德和宗教方面书籍的人，会不知不觉地变得善良仁慈。如果经常不断地向头脑里灌输一些概念，那么，这些概念迟早有一天会被头脑所接受。

——塞·约翰逊

爱读书的人办起事来总是得心应手，只要他想干什么，他就会有作出决断的智慧和付诸行动的力量。

——威·葛德文

有些人读书是为了思考，这类人很少；有些人读书是为了创作，这类人普遍；有些人读书是为了闲谈，这类人占大多数。

——科布顿

爱读书是一种十全十美的享受，别的享受都有尽头，而读书给人的享受却是永久的。

——特罗洛普

人生是短暂的，其中宁静的日子很少。所以，我们不应把它们浪费在读那些没有价值的书上。

——罗斯金

读书不可偏颇，既要广泛地当心人物，又要广泛地注意事物。

——托·阿诺德

成年人与书的关系是吸收，而不被吸引。

——休·伯吉斯

博览群书不见得能使人成为智者和贤人。但要成为智者和贤人，就必须认真地读通几本经典著作。

——理·巴克斯特

在人类一切健康的消遣中，读书是最高尚的。

——埃·布里奇斯

读好书就像同以往许多世纪最有教养的人交谈。

——笛卡尔

当我们读书太快或太慢时，我们什么也不能理解。

——帕斯卡

除了很好地理解了的东西之外，决不能强迫去熟记任何东西。

——夸美纽斯

读书使人充实，思考使人深邃，交谈使人清醒。

——富兰克林

只要读书用心，人的举止自然会一点点优雅起来。

——威·沃克

即使到了最文明的时代，读书仍将是最大的乐趣。

——爱默生

知识 zhishi

科学绝不是一种自私自利的享乐，有幸能够致力于科学研究的人，首先应该拿自己的学识为人类服务。

——马克思

如果一个人将钱袋倒进他的脑袋里，就没有人能将他偷走。知识的投资常有最好的利润。

——富兰克林

我们如果到知识海边上去瞧瞧，就可以知道知识海是多么大，大到无边无涯。骄傲的人苦于没有瞧一瞧，只看到自己这一点点，就以为大得很。

——范文澜

有许多很世故很会揣摩人的脾气性格的人，却并不是真正有学问的人，这种人所擅长的是阴谋而不是研究。

——弗兰西斯·培根

在缺乏教养的人身上，勇敢就会成为粗暴，学识就会成为迂腐，机智就会成为逗趣，质朴就会成为粗鲁，温厚就会成为谄媚。

——约翰·洛克

有学问而无道德，如一恶汉，有道德而无学问，如一鄙夫。

——罗斯福

真正的学问不是能以笔记录的，能笔记的部分只是渣滓，真正的学问在行为与行为之间。

——新渡户稻造

知识和世故不同，真正有学问的人往往是很天真的。

——罗曼·罗兰

愚昧从来没有给人们带来幸福，幸福的根源在于知识。

——左拉

关于真理的知识本身是了不起的，可是它却很少能起指导作用，它甚至不能证明向往这种真理知识的志向是正常的和有价值的。

——爱因斯坦

每一门科学的理论知识都已变得非常深奥，但是人类智慧的融会贯通能力总是被严格限制着的。因此，无可避免地研究者个人的活动势必限于愈来愈狭小的人类知识部门里。

——爱因斯坦

事实本身就能够而且应该为我们提供科学知识。

——爱因斯坦

知识是一种快乐，而好奇则是知识的萌芽。

——弗兰西斯·培根

我们要像海绵一样吸收有用的知识。

——加里宁

别人的知识可能使你学到某种东西，但是只有运用自己的智慧，才能成为智者。

——蒙田

把学问过于用作装饰是虚假，完全依学问上的规则断事是书生的怪癖。

——弗兰西斯·培根

掌握知识不是为了争论不休，不是为了藐视别人，不是为了利益、荣誉、权力或者达到某种目的，而是为了用于生活。

——弗兰西斯·培根

生活的全部意义在于无穷地探求未知的东西，在于不断地增加更多的知识。

——左拉

生活需要知识，正如战争需要炮一样。

——克鲁普斯卡娅

对一件东西的爱好是由知识产生的，知识愈准确，爱好也就愈强烈，要达到这准确，就须对所爱好的事物全体所组成的每一部分都有透彻准确的知识。

——达·芬奇

知识不能单从经验中得出，而只能从理智的发明同观察到的事实两者的比较中得出。

——爱因斯坦

书籍是全世界的营养品，生活里没有书籍，就好像没有阳光。

——莎士比亚

一切知识都是为着拿来实行的，倘若只注重拿知识来饶舌炫耀，知识对人就无益了。

——裴斯泰洛齐

有的知识只须浅尝，有的知识只要粗知，只有少数专门知识需要深入钻研，仔细揣磨。

——弗兰西斯·培根

找到谬误要比找到真理容易得多，谬误浮在表面，一下子就可以找到它，真理却藏在深处，不是每个人都能找到。

——歌德

如果有人不读书又想冒充博学多知，他就必定很狡黠，才能掩饰他的无知。

——弗兰西斯·培根

知道自己知道什么，也知道自己不知道什么，这就是真正的知识。

——梭洛

构成我们学习最大障碍的是已知的东西，而不是未知的东西。

——埃贝尔纳

知识就是力量，力量就是知识。

——弗朗西斯·培根

和书籍生活在一起，永远不叹气。

——罗曼·罗兰

学问以荡涤心灵污垢、端正行为为本。

——中江藤树

书本用得好，即可成为最出色的东西；反之，则会成为人诅咒的东西。

——爱默生

除了知识和学问之外，世上没有任何其他力量能在人的精神和心灵中，在人的思想、想像、见解和信仰中建立起统治和权威。

——弗兰西斯·培根

具备一定的知识才能看出无知。

——蒙田

读史使人明智，读诗使人聪慧，演算使人精密，哲理使人深刻，伦理学使人有修养，逻辑修辞使人善辩。总之，"知识能塑造人的性格"。

——弗兰西斯·培根

作恶便不是好事，有学识的人如果作恶，尤为不可；因为学识是战胜恶魔的武器，如果手持武器而为人所俘，最为可耻。

——萨迪

人的知识愈广，人的本身也愈完善。

——高尔基

有知识而不运用，如同耕地而不播种。

——萨迪

知识本身就是财富。

——萨迪

只有知识才能构成巨大的财富的源泉，即使土地获得丰收，又使文化繁荣昌盛。愚昧从来没有给人们带来幸福；幸福的根源在于知识；知识会使精神和物质硗薄的原野变成肥沃的土地。

——左拉

知识就是力量。

——弗朗西斯·培根

虽然在历史的前台喧嚷的是政治和工业，可是历史总在证明：知识是主要的力量，政治、工业以及人类生活中的其他一切都服从于这一力量。

——车尔尼雪夫斯基

知识就是我们借以飞上天堂的羽翼。

——莎士比亚

如果没有系统的知识的帮助，先天的才能是无力的。直观能解决很多事，但不是一切。天才和科学结合后才能取得最高的成功。

——斯宾塞

知识是解除恐惧的良药。

——爱默生

知识是有学问的人的第二个太阳。

——赫拉克利特

任何一种容器都装得满，惟有知识的容器大无边。

——徐特立

知识是破除迷信的灵丹妙药，其他别的东西都不能驱除人类的头脑中的这种瘟疫的污斑。

——巴克尔

知识是引导人生到光明与真实境界的灯烛。

——李大钊

除从书本上获取知识之外，还须从生活的人生中获得知识。

——茅盾

我认为知识是一切能力中最强的力量。

——柏拉图

热爱书吧——这是知识的源泉！只有知识才是有用的，只有它才能够使我们在精神上成为坚强、忠诚和有理智的人。

——高尔基

如果你们掌握了知识，那就是要让别人利用你们的知识去点燃他们自己的灯盏。

——托·富勒

王权是一种伪造的权力，只是知识才是真正的权力。人类只应当受知识的统治。

——雨果

你应该小心一切假知识，它比无知更危险。

——萧伯纳

你得到的知识，无论多少，必须是你自己的，用你自己的心血来滋养，是你自己不受羁勒而努力的成果。

——罗曼·罗兰

重要的不是知识的数量，而是知识的质量，有些人知道很多很多，但却不知道最有用的东西。

——列夫·托尔斯泰

知识像烛光，能照亮一个人，也能照亮无数的人。

——弗兰西斯·培根

智慧 zhihui

智慧并不产生于学历，而是来自对于知识的终生不懈的追求。

——爱因斯坦

仰仗别人的智慧，反倒会束缚住自己。

——普希金

狡猾并非人的真正聪明，而只是一些捣鬼取巧的小技术。

——弗兰西斯·培根

智者从敌人那里汲取的长处要比愚者从友人那里汲取的长处多。

——富兰克林

只要是不惧怕睿知的愚蠢，不能算真正的愚蠢，只要是不憎恨仁义的缺德，也不能称其是真正的缺德。

——桑弗

我对棘手的生意有一种执著的爱好，一方面是因为它们比较有意思，同时也因为人们较容易在不好做的生意中摘到好价钱。

——唐纳德·特朗普

知道事物应该是什么样，说明你是聪明人，知道事物实际上是什么样，说明你是有经验的人，知道怎样使事物变得更好，说明你是有才能的人。

——狄德罗

有一种比能力更难得，更珍贵，更稀罕的东西，那就是认识能力。

——哈伯德

虽然人的智力不能把所有的学问都掌握，而只能选择一门，但如果对其他科学一窍不通，那他对所研究的那门学问也就往往不会有透彻的了解。

——卢梭

智慧不怕无知，不怕疑惑，不怕勤奋，不怕探讨，怕的只是：确认什么是它所知道的，什么是它所不知道的。

——列夫·托尔斯泰

一颗大星星即使在有月亮的时候，也会被人看见的。

——高尔基

宝石虽落在泥土里，仍是宝石；砂粒虽被吹到天空中，还是砂粒。

——莎士比亚

凡是不能实现为具体创造的思想绝不是智慧；凡是不能转化为行动的思想也绝不是智慧。

——赵汀阳

真正的智慧总是一种思想的冒险。

——赵汀阳

智慧的可靠标志就是能够在平凡中发现奇迹。

——爱默生

小胜靠智，大胜靠德。

——郭凡胜

没有不用军事计谋的战争。

——列宁

凡战者，以正合，以奇胜，故善出奇者，无穷如天地，不竭如江河。

——孙武

善于在做一件事的开端识别时机，这实在是一种极难得的智慧。

——弗朗西斯·培根

如果愚人始终坚持自己的愚行，他也会变成智者。

——布莱克

无学问的智慧，只是浮光掠影，瞬起瞬灭的。

——罗家伦

从伟大的认知能力和已知的心情结合之中最易于产生出智慧来。

——罗素

学问是知识的聚集，是一种滋养人生的原料，而智慧却是陶冶这原料的熔炉。

——罗家伦

狡诈者轻鄙学问，愚鲁者羡慕学问，聪明者运用学问。知识本身并没有告诉人怎样用它，运用的智慧在于书本之外。这是技艺，不体验学不到。

——弗兰西斯·培根

聪明的人用一只脚走路,另一只还在那里牢牢地站立,在找到另一个立足点之前,他决不会把原来的放弃。

——佚名

外表聪明的人经常要花费很大气力去设法脱离困境,因为他们过分依赖了聪明,平时却消极等待。

——黄白兰

对于机灵鬼要敬而远之,十个机灵鬼里面,成功的只有一个,九个是要完蛋的。

——高尔基

天下一切坏事当中,再没有比滥用聪明更为可恶,同时也更为普遍的了。

——理查德·斯梯尔

善于沉默的是圣人。

——塞万提斯

生命如同洋葱;当你剥掉它一层外皮,有时你也会为它流泪。

——詹姆斯

思考 sikao

一个能思想的人,才真是一个力量无边的人。

——巴尔扎克

一个有思想的人决不会去思考那种除了他自己以外谁都不感兴趣的无聊问题。

——车尔尼雪夫斯基

人总喜欢寻求一些能够给自己减轻痛苦的思想。

——车尔尼雪夫斯基

就是好思想,如果不去实行,就和好梦一样。

——爱默生

伟人只在事业上惊天动地,他时常不声不响地深思熟虑。

——克雷洛夫

我认为我学到的任何有价值的知识都是从自学中得来的。

——达尔文

句句微妙,便不微妙;忽然触着,令人神远。

——刘熙载

思辨的推理使哲学家们付出了那么多痛苦,却常常由俗人自然而然不假思索地形成。

——休谟

毫无疑问,我的思维不用符号(词)绝大部分也能进行,而且在很大程度上是无意识地进行的。

——爱因斯坦

灵感说到底不过是每个练习的报酬而已。

——夏尔·波德莱尔

灵感,这是一个不喜欢拜访懒汉的客人。

——柴可夫斯基

经过一段时间聚精会神的思考,把问题植入潜意识中,像是让它在地下萌动,直至问题的答案突然冒出,使人豁然开朗,于是只需把这种仿佛是神的启示记录下来就可以了。

——罗素

儿童常有一种小动物般的直觉，他们会本能地区别危险或安全，真实或虚伪，朋友或敌人。

——张洁

企业家不仅仅需要有“才智”，而且应有“直觉”。

——佚名

心，灵物也。不用则常存，小用之则小成，大用之则大成，变用之则至神。

——唐甄

灵性是心灵的理解力。有灵性的女人，善解人意，善悟人生。她极单纯，在单纯中却有一种惊人的深刻。

——周国平

学非问辩无由发明。

——司马光

好读书，不求甚解，每有会意，便欣然忘食。

——陶渊明

思维正确即成功了一半。

——克雷尔

我忍耐地回想或思考任何悬而不决的问题，甚至连费数年也在所不惜。

——达尔文

这个世界对思考的人而言是喜剧，对感觉的人而言是悲剧。

——渥波尔

对于一切，重要的不仅在乎看见，而在乎怎样看见。

——卢克莱修

我的成就,当归功于精力的思索。

——牛顿

人的思维是了不起的,只要专注于某一项事业,那就一定会做出使自己都感到吃惊的成绩来。

——马克·吐温

我不愿有一个塞满东西的头脑,而情愿有一个思想开阔的头脑。

——蒙田

是什么样的头脑研究现实,这对于经验具有巨大的意义。伟大的头脑做出伟大的经验,在五光十色的现象中看出有意义的东西。

——黑格尔

在创作家的事业中,每一步都要深思而后行,而不是盲目地瞎碰。

——米丘林

智力上的跃进,唯有创造力极强的人生气勃勃地独立思考,并在有关事实的正确知识指导下走上正轨,才能实现。

——普朗克

对于某种新奇的现象,给它一种解释之后,许多人便接受了,但有思想的人却不满足,他说一定还有可研究的地方。

——约里奥·居里

善于思考的人,一旦从传统偏见的令人炫目的影响中解脱出来,将会在人类的低等祖先中找到人类伟大能力的最好证据。并且从人类过去的漫长进化过程中,将会找到人类对达到更崇高的未来的信心的合理根据。

——赫胥黎

艺术家得永远工作，永远思考。

——布宁

要是没有能独立思考和独立判断的有创造能力的个人，社会的向上发展就不可想象。

——爱因斯坦

自己的思维，自己探索，用你自己的脚站着。

——康德

思考时，必须要对思考的对象发生“兴趣”，不断地刺激它，并且要持之久远，不可懈怠。

——叔本华

任何人都不能替我思考，就像任何人不能替我戴帽子一样。

——维特根斯坦

思维是灵魂的自我谈话。

——柏拉图

宁可找到一个因果的解释，也不愿获得一个波斯王位。

——德谟克里特

我们不应当凭信任就跟人家跑，而必须大胆表示我们的思想，如果我们之间思想不一致，必须直率地说。

——罗曼·罗兰

独立思考能力是科学研究和创造发明的一项必备才能。在历史上任何一个较重要的科学上的创造和发明，都是和创造发明者的独立地深入地看问题的方法分不开的。

——华罗庚

每一个人都必须按照他自己的方式去思考；因为他在自己的道路

上，就会发现能帮助他度过一生的一条或一种真理。

——歌德

思索，继续不断地思考，以待天曙，渐渐地见及光明。

——牛顿

有许多人玩乐致死，有许多人大饮大食致死，没有人思考致死。

——海特

有时，机遇带给我们的线索的重要性十分明显，但有时只是微不足道的小事，只有很有造诣的人，其思想满载着有关论据并已发展成熟适于作出发现，才能看到这些小事的意义所在。

——贝弗里奇

活着就要思索。

——西塞罗

人思考越少，话越多。

——孟德斯鸠

一个人如果从肯定开始，必以疑问告终。如果他准备从疑问开始，则会以肯定结束。

——弗兰西斯·培根

最主要的是要教会人们思考。

——布莱希特

人还可以这样来分类：有的人先思考后说话或行动，有的人则先说话或行动而后才思考。

——列夫·托尔斯泰

不下决心培养思考力的人，便失去了生活中的最大乐趣。

——法朗士

我力求像一句名言所说的那样，不哭，也不笑，而是去理解。

——普列汉诺夫

思考“可以构成一座桥，让我们通向新知识”。

——普朗克

应当细心地观察，为的是理解；应当努力地理解，为的是行动。

——罗曼·罗兰

多好的酬劳啊，经过了一番深思，终得以放眼远眺神明的宁静。

——保尔·瓦雷里

思想是空间的鸟，在语言的笼里，也许会展翼，却不会飞翔。

——纪伯伦

自然科学只有同辩证唯物主义紧密结合，才能获得正确的思维方法。

——坂田昌一

科学是人类思维的自由创造。

——庞卡莱

慎而思之，勤而行之。

——白居易

世界上最辛苦的工作是什么？思考。

——爱默生

智力取消了命运。只要一个人在思考，他就是自主的。

——爱默生

思考是理性的行动，而幻想是理性的愉悦。

——雨果

"是"和"否"是最古老最简单的字,可是它们需要最多的思考。

——毕达哥拉斯

书读得越多而不加思考,你就会觉得你知道的很多。可是,当你读书而思考得越多的时候,你就会清楚地看到你知道的还很少。

——伏尔泰

不要急着决定,因为你经过一夜的深思熟虑之后,会涌现出更好的智慧。

——普希金

真理 *zheli*

为寻求真理而努力付出的代价,总是比不担风险地占有它要高昂得多。

——莱辛

只要你追求真理,真理就会在你胸中燃烧。

——河原崎长十郎

脱离各种罪过的出路就是献身舍己,脱离各种恶的诱惑的出路就是对于理性的信仰,脱离虚伪的教训就是对于真理的信仰。

——列夫·托尔斯泰

真理之所以为真理,只是因为它是和谬误以及虚伪对立的。

——车尔尼雪夫斯基

真理无所谓时效,谬论即使隔得再久,也不会因此而变。

——贝尔

道路是曲折而漫长的,必须永远前进,永远寻求真理。

——罗曼·罗兰

普遍的绝对的真理是一切财富中最可宝贵的，缺了它，人就成瞎子，它是理性的眼睛。

——卢梭

要永远不会犯错误，只有一件事也不做，为了追求活泼的真理而犯的过失，比那陈腐的真理有希望多了。

——罗曼·罗兰

真理即使细弱如丝，也扯不断，混杂在一堆谎话里也会露头，像油浮在水上一样。

——塞万提斯

如果真理在少数人中间获得了充分的胜利而这少数人是优秀的，那就应当予以接受，因为真理的本性不在于使多少人喜爱。

——狄德罗

真理是认识事物的工具，是人们前进和上升道路的阶梯，真理都是从人类的劳动中产生的，这个真理已经被人类全部文化发展史充分有力地证明过了。

——高尔基

真理只是一颗纯洁的明珠，它虽然晶莹透亮，却仿佛比不上那些五颜六色的玻璃片。

——弗朗西斯·培根

既使通过自己的努力而知道一半真理，也比人云亦云地知道全部真理还要好些。

——罗曼·罗兰

对真理的追求比对真理的占有更为可贵。

——莱辛

使人们宁愿信任谎言,而不愿追随真理的原因,不仅由于探索真理是艰苦的,也不仅由于真理会约束人的想象,而且是由于谎言更能迎合人类某些恶劣的天性。

——弗朗西斯·培根

谬误的好处是一时的,真理的好处是永久的。真理有弊病时,这些弊病是很快就会消灭的,而谬误的弊病则与谬误始终相随。

——狄德罗

这世界无非是一种探究真理的学校,问题不在于谁将最终达到目标,而在于在奔向这一目标中谁最出色。

——蒙田

那真理的成熟虽然缓慢,但透过一片昏暗的迷雾却清晰可见,像思想培育出来的一朵火红的小花。

——高尔基

真理是一支火炬,而且是一支极大的火炬,所以当我们怀着生怕被它烧着的恐惧心情企图从它旁边走过去的时候,连眼睛难以睁开。

——歌德

要追求真理,要信赖真理,这是人性中的最高品德。

——弗朗西斯·培根

真理的蜡烛常常会烧伤那些举蜡烛人的手。

——布埃斯特

许多伟大的真理开始的时候被认为是亵渎行为。

——萧伯纳

一个人要发现卓有成就的真理,需要千百个人在失败的探索和悲惨的错误中毁掉自己的生命。

——门捷列夫

争论时,当我们感觉愤怒,这时已不是为真理而争,而是为愤怒而争。

——卡莱尔

哲学的真谛是寻求真理,而不是占有真理——哲学就在路途中。

——雅斯贝尔斯

目标 mubiao

目标愈高,志向越可贵。

——塞万提斯

走得最慢的人,只要他不丧失目标,也比漫无目的徘徊的人走得快。

——莱辛

目标越接近,困难越增加。但愿每一个人都像星星一样安详而从容地不断沿着既定的目标走完自己的路程。

——歌德

伟大的力量只为伟大的目标而产生。

——斯大林

找达到目标的奥秘吧,我唯一的力量就是我的坚持精神。

——巴斯德

在人生的旅途中,首先要确定目标,它能给人带来勇气和力量,鼓舞和激励人去为之奋斗。

——柯什金

一个人没有一定的志向，没有预定的目标，这个人就可以说没前途。

——斯科罗杜莫夫

灵魂如果没有确定的目标，它就会丧失自己，因为，俗语说得好，无所不在等于无所在。

——蒙田

只有伟大的目的才能产生伟大的毅力。

——斯大林

书富如人海，百货皆有。人之精力，不能兼收尽取，但得其所欲求者尔。故愿学者每次作一意求之。

——苏轼

一个人做事不专，这样弄一点，那样弄一点，既要翻译，又要做小说，还要做批评，并且要做诗，这怎么弄得好呢？

——鲁迅

无所不能的人实在是一无所能，无所不专的专家实在是一无所专。

——邹韬奋

一个志在有成就的人，他必须如歌德所说，知道限制自己。反之，那些什么事都想做的人，其实什么事都不能成，而终归于失败。

——黑格尔

只要不失目标地继续努力，终将有成。

——歌德

漫无目标，无书不读的人，他们的知识是很难精湛的。

——柯南道尔

一个人追求的目标越高，他的才力就发展得越快，对社会就越有益。我确信这也是一真理。

——高尔基

在跨上你第二步前，千万不要只低头试探脚下的土地，只有那牢牢盯着远方地平线的人才会找到自己正确的道路。

——哈马舍尔德

没有目标而生活，恰如没有罗盘而航行。

——康德

人生的真正欢乐是致力于一个自己认为是伟大的目标。

——萧伯纳

没有树立生活目标的人就等于没有灵魂！

——蒙田

人们早就把世界称为狂暴的海洋，有幸的人带着指南针而航行。

——卡拉姆辛

目标并不一定是为达到它才树立的，而是作为瞄准点才树立的。

——诺贝尔

一个目标达到之后，马上立下另一个目标，这是成功的人生模式。

——卡耐基

品格情操

仁者不以盛衰改节，义者不以存亡易心。

——司马光

善不是一种学问，而是一种行为。

——罗曼·罗兰

对明天的认识的唯一限度，取决于我们今天的怀疑。

——罗斯福

要有坚强的意志、卓越的能力以及坚持要达到目标的恒心。

——歌德

爱国主义就是千百年来固定下来的对自己祖国的一种最深厚的感情。

——列宁

勤劳 qinlao

没有什么动物比蚂蚁更勤奋，然而它却最沉默。

——富兰克林

劳动使人建立对自己的理智力量的信心。

——高尔基

耳闻之不如目见之，目见之不如足践之。

——刘向

伟大的事业根源于坚忍不拔的工作，以全副精神去从事，不避艰苦。

——罗素

豪华尽出成功后，逸乐安知与祸双。

——王安石

只有勤劳的翅膀，才能证明人间并不远离天堂。

——伊克巴尔

劳动就是生命、思想和光明。

——雨果

我知道什么是劳动：劳动是世界上一切欢乐和一切美好事情的源泉。

——高尔基

热爱劳动吧。没有一种力量能像劳动，即集体、友爱、自由的劳动的力量那样使人成为伟大和聪明的人。

——高尔基

世界上没有任何一种具有真正价值的东西，可以不经过辛勤劳动而能够得到的。

——爱迪生

劳动唯有使人甘美，绝不会成为重荷；惟有心怀忧心事才会厌恶劳动。

——普鲁曼

上天永不会帮助不动手去做的人。

——索福克勒斯

肉体的劳动可以消除我们内心的疲倦，这就是穷人的快乐。

——罗休夫柯

看呀！世界不是劳动的艺术品吗？没有劳动，就没有世界。

——邓中夏

劳动的主要长处在于它本身既是目的也是手段：欢乐在于劳动，而不在于劳动的成果。

——阿明·雷哈尼

乐劳苦，营本业，其后衣食必有余。纵口腹，事游逸，其后衣食必不足。此非天命，乃自取者也。

——倪文节

春天不播种，夏天就不生长，秋天就不能收割，冬天就不能品尝。

——海德

“一劳永逸”的话，有是有的，而“一劳永逸”的事，却极少。

——鲁迅

要使得生活轻松，就只有一个法子，积极的理智的劳动。只有理智的、坚决的、积极的劳动，才能够克服一切困难。

——高尔基

劳动不会玷污人，不幸的是人们有时玷污劳动。

——格兰特

劳动对人来说是一种宝物。

——伊索

劳动创造了人本身。

——恩格斯

劳动是社会中每个人不可避免的义务。

——卢梭

快乐是从艰苦中来的。只有经过劳作、经过奋斗得来的快乐，才是真快乐。不可能有从天上掉下来一个快乐来给你享受。而且快乐常常不是要等到艰苦之后，而是即在艰苦之中。

——谢觉哉

懒惰是一切罪恶的根源。

——马卡连柯

艰难由懒惰生，苦楚由偷安来。

——弗朗西斯·培根

劳动是崇高思想的食粮。

——塞内加

懒惰是一切邪恶之门。一个懒惰的人，正如一所没有墙壁的房子，恶魔可以从任何一个方向进来。

——乔叟

劳动是食欲的父亲，是消化的祖父，是健康的曾祖。

——萨菲尔

只有经过劳动，思想才会变得健全，而只有注重思想，劳动才显得快乐；此二者不能加以分割。

——罗斯金

不停留在已得的成绩上，而是英勇地劳动着，努力要把劳动的锦标长久握在自己手里。

——奥斯特洛夫斯基

人们的真正财富是劳动的本领。

——伊索

未来将属于两种人:思想的人和劳动的人。实际上这两种人是一种人,因为思想也是劳动。

——雨果

使自己脱离劳动是一种罪行。

——列夫·托尔斯泰

工作能使愚人变得聪明,聪明人变得智慧,智慧者变得稳健。

——奥士勒

劳动是人生一桩最要紧的事。

——蔡元培

劳动是最伟大的美,让孩子们认识这个美,是教育的奥秘之一。

——苏霍姆林斯基

劳动能唤起人的创造力。

——列夫·托尔斯泰

文化越高,劳动越受重视。

——罗雪尔

天下事,以难而废者十之一,以惰而废者十之九。

——颜之推

医治一切病痛最好的最宝贵的药品,就是劳动。

——奥斯特洛夫斯基

完善的新人应该是在劳动之中和为了劳动而培养起来的。

——欧文

敬业需注意两件事：即已着手之工作必完成之，已接受之事务必诚实为之。

——尼古依

君子之处世也，甘恶衣粗食，甘艰苦劳动，斯可以无失矣。

——颜元

流萤只在飞行时发光，心智也是如此，当我们停顿时，生命便成暗晦。

——贝利

劳动创造一切，劳动者创造一切。历史的口号就是这样。

——门捷列夫

莫问收种，但问耕耘。

——曾国藩

忧劳可以兴国，逸豫足以亡身。

——欧阳修

劳心可以使身体得到休息，劳力可以使精神得到康乐。

——俾斯麦

生命的灯因思维而点燃，但劳动可以把油加进去。

——马克思

体力劳动是防止一切社会病毒的伟大的消毒剂。

——马克思

智慧、勤劳和天才，高于显贵和富有。

——贝多芬

行动不一定带来快乐；但没有行动便一定没有快乐。

——迪斯累里

坚其志，苦其心，劳其力，则事无大小，必有所成。

——曾国藩

要工作，要勤劳，劳动是最可靠的财富。

——拉封丹

不息的劳作是人生全部意义之所在。

——塞涅卡

没有顽强的细心的劳动，即使是有才华的人也会变成绣花枕头似的无用的玩物。

——斯坦尼斯拉夫斯基

从科学园地采收的果实，如同农人的收获一样，常常是工作与幸运和有利的情势的共同产物。

——贝齐里乌斯

劳动是人类存在的基础和手段，是一个人在体格、智慧和道德上臻于完善的源泉。

——乌申斯基

懒惰，像生锈一样，比操劳更能消耗身体；经常用的钥匙总是亮闪闪的。

——富兰克林

毫无置疑的纯粹喜悦之一，乃是勤劳之后的休息。

——康德

平静的湖面，练不出精悍的水手；安逸的环境，造不出时代的伟人。

——列别捷夫

我觉得人生求乐的方法，最好莫过于尊重劳动。一切乐境，都可由劳动得来，一切苦境，都可由劳动解脱。

——李大钊

不懂得工作真义的人，视工作为苦役。

——苏格拉底

劳动是财富之父，土地是财富之母。

——威廉·佩蒂

人的天赋就像火花，它既可以熄灭也可以燃烧起来。而促使它燃烧成熊熊大火的方法只有一个，就是劳动，再劳动。

——高尔基

假如没有劳动这个压舱的货物，任何风暴都会把生活之船翻掉。

——司汤达

对你有帮助的东西并非都是唾手可得的。

——科格逊

我们的第一个哲学教师是我们的两条腿、一双手和一对眼睛。

——卢梭

当一个人在深思的时候，他并不是在闲着。有看得见的劳动，也有看不见的劳动。

——雨果

只有在劳动中栖息着和平，在辛苦中寄宿着安息。

——弗特尼尔

劳动要适时开始，享乐要适时结束。

——塞贝尔

力行而后知之真。

——王夫之

长寿的秘诀在于劳动。

——贝勒斯

只有在嗅到劳动药味的满足中，才能孕育出人生的乐趣。

——考塞卜

整个人生就是思想与劳动，劳动虽然是默默无闻的、平凡的，却是不能间断的。

——冈察洛夫

休息与幸福乃人人所渴望，要得到它们，唯有勤勉一途。

——肯比斯

只有用劳动换来的面包，吃起来才是最香甜的。

——克雷洛夫

神圣的意念属于不屈服的心，一切的福利归诸战斗的人。

——歌德

知识是从刻苦劳动中得来的，任何成就都是刻苦劳动的结晶。

——宋庆龄

祈祷从天空取出幸福，劳动从大地挖出幸福。

——席勒

劳动是唯一导向知识的道路。

——萧伯纳

惰而侈则贫，力而俭则富。

——管仲

劳碌是世上一切纪念碑的根源；不论是诗句的纪念，或是碑石的纪念。

——皮契尔

当劳动是一种快乐时，生活是美的；当劳动是一种责任时，生活就是奴役。

——高尔基

劳动一天，可得一夜的安眠；
勤劳一生，可得幸福的长眠。

——达·芬奇

天才不能使人不必工作，不能代替劳动。要发展天才，必须长时间地学习和高度紧张地工作。

——斯米尔诺夫

智慧是勤劳的结晶，成就是劳动的化身。

——伏契克

哪里有天才？我是把别人喝咖啡的时间都用在工作上的。

——鲁迅

愚钝是精神的怠惰，怠惰是肉体的愚钝。

——杜康默

业精于勤，荒于嬉，行成于思，毁于随。

——韩愈

天道酬勤。

——齐白石

良机对于懒惰没有用，但勤劳可以使最平常的机遇变成良机。

——马丁·路德·金

不惰者，众善之师也。

——葛洪

如果你能把自己的全部精神灌注到劳动里面去，那么幸福本身就会找到你。

——乌申斯基

人生在勤，不索何获？

——张衡

社会主义制度的建立给我们开辟了一条到达理想境界的道路，而理想境界的实现还要靠我们的辛勤劳动。

——毛泽东

唯有忘记劳苦，才能消灭劳苦。

——西拉斯

不付出艰巨劳动，生活不会给人以任何东西。

——贺拉斯

人要脱离原初的黑暗状态，必须付出无比的劳动。

——奥铿

划分天才和勤勉之别的界线迄今尚未能确定，以后也没办法确定。

——贝多芬

懒惰是精神的睡眠。

——沃夫拿格

我们的本性趋向于懒怠。但只要我们的心向着运动，并时常激励它，就能在这种活动中感受到真正的喜悦。

——歌德

懒惰是赤贫之道，也是万恶之源。

——斯帕琼

劳动能使一个人的道德变得高尚。

——加里宁

诚实 chengshi

你必须对你自己忠实，正像有了白昼才有黑夜一样，对自己忠实，才不会对别人欺诈。

——莎士比亚

真实和朴实是天才的宝贵品质。

——斯坦尼斯拉夫斯基

本性流露永远胜过豪言壮语。

——莱辛

永远不要企图掩饰自己知识上的缺陷，即便用最大胆的推测和假设去掩饰，这也是要不得的。不论这种肥皂泡的色彩使你们多么炫目，但肥皂泡必然是要破裂的，于是你们除了惭愧以外，是会毫无所得的。

——巴甫洛夫

诚实和勤勉，应该成为你永久的伴侣。

——富兰克林

一个人最怕不老实，青年人最可贵的是老实作风。“老实”就是不自欺欺人，做到不欺骗人家容易，不欺骗自己最难。“老实作风”就是脚踏实地、不占便宜。世界上没有便宜的事，谁想占便宜谁就会吃亏。

——徐特立

说谎话的人所得到的，就只是即使说了真话也没有人相信。

——伊索

真正的伟人常常是平凡的，他们的行为既不做作，也不虚饰。

——克雷洛夫

自以为聪明的人往往是没有好下场的。世界上最聪明的人是最老实的人，因为只有老实人才能经得起事实和历史的考验。

——周恩来

给人幸福的不是身体上的好处，也不是财富，而是正直和谨慎。

——德谟克利特

说真话不应当是艰难的事情。我所谓真话不是指真理，也不是指正确的话。自己想什么就讲什么，自己怎么想就怎么说——这就是说真话。

——巴金

自尊 zizun

在我们所具有的一切弱点中，最为粗鲁的乃是轻视我们的生存。

——蒙田

要避免个人的钩心斗角那是对的，但是一个人为自己的思想辩护，那也是重要的。人们不应当由于不负责任而简单地放弃自己的思想，好像他并不是真正的相信它们似的。

——爱因斯坦

恢弘志士之气，不宜妄自菲薄。

——诸葛亮

楚兰生于深林，不以无人而不芳；君子修道立德，不以穷困而变节。

——子路

懦弱愚蠢的人才好激动和大吵嚷，聪明强干的人什么时候都应保持自己的尊严。

——谢尔盖·耶维奇

为了迎合风向改变自己见解的人，我们认为是糟糕的、卑鄙的、毫无信念的人。

——杜勃罗留波夫

走自己的路，让别人去说罢！

——但丁

任何人都不许轻视自己及其人生。

——奥铿

人受到震动有种种不同，有的是在脊椎骨上，有的是在神经上，有的是在道德感受上；而最强烈、最持久的则是在个人尊严上。

——华兹·华斯

我们绝不去依附那些衣冠楚楚的伪君子来保护自己的清白。

——泰戈尔

若我们仅仅如困兽之于樊笼，无视自身的价值，那太轻视自己了。

——贝纳勉特

自暴自弃，是一条永远腐蚀和啃啮心灵的毒蛇，它吸取着心灵的新鲜血液，并在其中注入厌世和绝望的毒液。

——马克思

最野蛮的是轻蔑自己。

——蒙田

自重、自觉、自制，此三者可以引至生命的崇高境域。

——丁尼生

心灵 xinling

在这世界上，除了人类心灵的崇高的精神表现以外，一切都是渺小而没有趣味的。

——契诃夫

具有广阔、热情胸怀的人，这样的人能真正地爱人，对他们来说，爱——就意味着把自己丰富的心灵奉献给最可爱的人。

——苏霍姆林斯基

一个人的行为，不仅受着外界的强迫，而且还要适应内心的必然。

——爱因斯坦

当鞋子合适的时候，脚被忘却了；当腰带合适的时候，腹部被忘却了；当心灵正确的时候，“赞同”与“反对”都被忘却了。

——奥修

心灵纯洁的人，生活充满甜蜜和喜悦。

——列夫·托尔斯泰

心灵建造了天国，也建造了地狱。

——弥尔顿

人心未易知，灯台不自照。

——康进之

大凡一个人在急难之中，最容易流露真情。在太平无事的时候，由于拘谨，有些强烈的情感即使不能压制下去，至少也会遮掩想法，可是处于心烦意乱的情况中，人就不会做作，无意中会将真实感情暴露出来。

——司各特

存乎人者，莫良于眸子。眸子不能掩其恶。胸中正则眸子瞭焉；胸中不正则眸子眊焉。

——孟子

心不负人，面无惭色。

——普济

一棵树上很难找到两片叶子形状完全一样，一千个人之中也很难找到两个在思想感情上完全协调。

——歌德

道之在天者，日也；在人者，心也。

——管子

一个拥有真正美的心灵总是有所作为的，并且是一个实实在在的人。

——黑格尔

世界上的人从外表看来是各色各样的，但是如果把内心稍稍揭开，那种无所依归和心灵不安的情况，则是彼此相通的。

——高尔基

我们主张物心两面改造，灵肉一致的改造。

——李大钊

身安不如心安，心宽强如屋宽。

——石成金

不要让嫉妒的蛇钻进你的心里，这条蛇会腐蚀你的头脑，毁坏你的心灵的。

——亚米契斯

隐瞒我们心中拥有的情感比假装我们没有情感更为困难。

——拉罗什富科

心灵应该习惯于从自身中吸取快乐。

——德谟克利特

有恬静的心灵就等于把握住心灵的全部，有稳定的精神就等于能指挥自己！

——米贝尔

世间有一种比海洋更大的景象，那便是天空。还有一种比天空更大的景象，那便是内心的活动。

——雨果

心之在体，君之位也；九窍之有职，官之分也。

——管子

对具有高度自觉与深邃透彻的心灵的人来说，痛苦与烦恼是他必备的气质。

——陀思妥耶夫斯基

一个人只要有纯洁的心灵，无愁无恨，他的青春时期定可因此而延长。

——司汤达

你的心灵常常是战场。在这个战场上，你的理性与判断和你的热情与嗜欲开战。

——纪伯伦

形固可使如槁木，而心固可使如死灰乎？

——庄子

每个人的心灵深处都有着只有他自己理解的东西。

——列夫·托尔斯泰

人生心口宜相符。

——李咸用

对心灵来说，没有微不足道的小事。

——巴尔扎克

我们对于情感的理解愈多，则我们愈能控制情感，而心灵感受情感的痛苦也愈少。

——斯宾诺莎

其形化，其心与之然。

——庄子

在人的内心，激情永远在产生；一种激情的消逝几乎总是意味着另一种激情的产生。

——拉罗什富科

一个人自己的心灵，还有他的朋友们的感情——这是生活中最有魅力的东西。

——王尔德

无所事事并非宁静，心灵的空洞就是心灵的痛苦。

——库柏

目为心视，口为心言，耳为心听，身为心安。故身之有心，若国之有君，以内和外，万物昭然。

——诸葛亮

心灵开朗的人，面孔也是开朗的。

——席勒

唯有人的心灵才是起初的。严格说来，相貌不过是一种面具，真正的人在人的内部。

——雨果

唯有心灵能使人高贵。所有那些自命高贵而没有高贵的心灵的人，都像块污泥。

——罗曼·罗兰

万事以心为本，未有心至而力不能者。

——欧阳修

心大则百物皆通，心小则百物皆病。

——朱熹

心者，天地万物之主也。人者，天地万物之心也。

——王守仁

山藏异宝山含秀，沙有黄金沙放光。好事若藏人肺腑，言谈话语不寻常。

——冯梦龙

激情由最初的意识形成，它是心灵的青春。

——莱蒙托夫

面容是人的本质的美的体现，是心灵的外露。

——瓦西列夫

马性易识，人心难测。

——丁尼里

心灵的纯美，是决定人的价值的第一标准。

——武者小路实笃

绝大多数人的心灵都需要外界事物来使之活跃与振奋；我的心灵则宁愿本身的安坐静息。

——蒙田

一个人的面部的特征是通过心灵的某种感情的惯常的影响而不知不觉地形成的。

——卢梭

世界上最宽阔的东西是海洋，比海洋更宽阔的是天空，比天空更宽阔的是人的心灵。

——雨果

能充实心灵的东西，乃是闪烁着星星的苍穹，以及我内心的道德律。

——康德

心灵有时应该得到消遣，这样才能更好地回到思想与其本身。

——费德鲁斯

心灵的痛苦更甚于肉体的痛楚。

——贺拉斯

经得起各种诱惑和烦恼的考验，才算达到了最完美的心灵健康。

——弗朗西斯·培根

庸俗的心灵，决不能了解无边的哀伤对于一个受难的人的安慰。只要是庄严伟大的，都是对人有益的。痛苦的极致就是解脱，压抑心灵，打击心灵，致心灵于万劫不复之地的，莫如平庸的痛苦，平庸的欢乐，自私而猥琐的烦恼。

——罗曼·罗兰

心灵反映生活，面貌反映心灵。

——巴尔扎克

你失掉的东西越多，你就越富有。因为心灵会创造你所缺少的东西。

——罗曼·罗兰

节操 jiecao

战士是永远追求光明的，他并不躺在晴空下面享受阳光，却在暗夜里燃起火炬，给人们照亮道路，使人们走向黎明。

——巴金

富贵不能淫，贫贱不能移，威武不能屈，此之谓大丈夫。

——孟子

丹可磨，而不可夺其色；兰可燔，而不可灭其馨；玉可碎，而不可改其白；金可销，而不可易其刚。

——刘昼

镜破不改光，兰死不改香。

——孟郊

忍辱偷生的人，绝不会受人尊重。

——高乃依

不以穷变节，不以贱易志。

——桓宽

内不愧心，外不负俗，交不为利，仕不谋禄，鉴乎古今，涤情荡欲。何忧于人间之委屈。

——嵇康

其身可杀而其守不可夺。

——魏徵

盖棺始能定士之贤愚，临事始能见人之操守。

——林逋

猛石可裂不可卷，义士可杀不可羞。

——李朝威

士可杀而不可辱。

——戴圣

人生谁云乐，贵屈所志。

——谢灵运

冰心与贪流争激，霜情与晚节弥茂。

——沈约

松柏之姿，经霜犹茂。

——房玄龄

安能摧眉折腰事权贵，使我不得开心颜。

——李白

竹死不变节，花落有余香。

——邵竭

残雪压枝犹有橘，冻雷惊笋欲抽芽。

——欧阳修

自得者所守不变，自信者所守不疑。

——杨时

保初节易，保晚节难。

——朱熹

时穷节乃见，一一垂丹青。

——文天祥

不爱人夸颜色好，只留清气满乾坤。

——王冕

名节重泰山，利欲轻鸿毛。

——于谦

树坚不怕风吹动，节操棱棱还自持。

——于谦

千锤万凿出深山，烈火焚烧若等闲。粉身碎骨全不怕，要留清白在人间。

——于谦

观操守在利害时，观度量在喜怒时。

——吕坤

志以淡泊明，节从肥甘丧。

——洪应祖

贵富一时，名节千古。

——张廷玉

一个人有了崇高的伟大的理想，还一定要有高尚的情操。没有高尚的情操，再崇高、再伟大的理想也是不能达到的。

——陶铸

珍视思想的人，必然珍视自己的尊严。

——苏霍姆林斯基

每一个正直的人都应该维护自己的尊严。

——卢梭

人的一切尊严就在于思想。

——巴斯噶

你要我去讨好人、巴结人吗？这是我最讨厌的人类的缺陷，无论在私生活里，或是在社会生活里，我决不会干奴颜婢膝、造谣诬蔑、谄媚逢迎的勾当，我不愿意为那些蠢人把自己的见解藏在密密实实的、莫名其妙的哲学形式下面。

——马克思

名节是奋斗的结果，绝不是奋斗的目标。

——奥尔斯顿

尊严是人类灵魂中不可糟蹋的东西。

——尼高美德斯·古斯曼

只有坚持人的尊严，才能有力地抑制兽性。

——池田大作

坚心如铁石，不谄亦不欺。

——孟郊

贞松标于岁寒，忠臣亮于国危。

——房玄龄

豪杰之士，必有过人之节。

——苏轼

三生不改冰霜操，万死常留社稷身。

——海瑞

横眉冷对千夫指，俯首甘为孺子牛。

——鲁迅

一个读书人最珍贵的东西是他的一点气节。

——老舍

人不可有傲气，但不可无傲骨。

——徐悲鸿

铁可折，玉可碎，海可枯，不论穷达生死，贞节贯殊途。

——汪莘

不为五斗米折腰。

——陶渊明

无冥冥之志者，无昭昭之明；无惛惛之事者，无赫赫之功。

——荀子

在命运的颠沛中，最可以看出人们的气节。

——莎士比亚

丧失人格的诗人比没有诗才而硬要写诗的人更可鄙、更低劣、更有罪。

——雨果

如果没有节操，世界上的恋爱、友情、美德都不存在。

——阿狄生

怀疑 huaiyi

一个人最大的敌人是神经衰弱性的怀疑,宽容是可以的,而且是应当的,但决不能怀疑你所信为善与真的东西。

——罗曼·罗兰

怀疑并不是缺点。总是疑,而并不下断语,这才是缺点。

——鲁迅

怀疑是无限的探求。

——苏格拉底

疑惑足以败事,一个人往往因为遇事畏缩的缘故,失去了成功的机会。

——莎士比亚

怀疑和信仰,两者都是必需的。怀疑能把昨日的信仰摧毁,替明日的信仰开路。

——罗曼·罗兰

怀疑是所有哲学的根本。

——蒙田

怀疑不是一种愉快的精神状态,但深信不疑却是一件荒谬的事。

——伏尔泰

猜疑的根源产生于对事物的缺乏认识,所以多了解情况是解除疑心的有效办法。

——弗朗西斯·培根

适当的疑惑，被称为智者的火炬。

——莎士比亚

人只有在几乎无知的时候才是无忧的，随着知识的增长，疑惑也不断地加深。

——歌德

伟大的人必定是一个怀疑论者，他具有不被任何一种信念所束缚的坚强意志。

——尼采

一旦有了怀疑，人便会破天荒第一次懂得什么是不义，什么是人生的重担；随着怀疑的侵入，人便会开始比较、分析自己个人的活动，以及别人的行为。于是，痛苦，难以忍受的痛苦便会开始落到他的心头。

——谢德林

孤陋寡闻者往往具有疑虑重重的特点。

——弗朗西斯·培根

猜疑易使君王变得暴戾，使做丈夫的产生嫉妒之心，使智者陷入重重困惑。

——弗朗西斯·培根

怀疑的眼睛就像猫头鹰的眼睛一样，要在黑暗中才能看见，光明反而可以使它失去视力。

——约卡伊·莫尔

伟大的灵魂是向往怀疑的。

——尼采

真理与疑问互为滋养。

——但丁

怀疑是向哲学迈出的第一步。

——狄德罗

哲学是什么？哲学是对一些司空见惯的、大家都以为不成问题的问题投以怀疑和探索的眼光。

——赵鑫珊

如果你想成为一个真正的真理寻求者，在你的一生中至少应该有一个时期，要对一切事物都尽量怀疑。

——笛卡儿

要追求真理，我必须在一生中尽可能地把所有的事情都来怀疑一次。

——笛卡儿

前辈谓学贵知疑，小疑则小进，大疑则大进。疑者，觉悟之机也。一番觉悟，一番长进。

——陈献章

大疑则大悟，小疑则小悟，不疑则不悟。

——朱熹

道德 daode

尊重别人的长处，在任何情况下都平等待人的人，才是道德高尚的人。

——苏霍姆林斯基

没有任何东西能比人类的爱更富有智慧、更复杂。它是花丛中最娇嫩的而又最质朴、最美丽和最平凡的花朵，这个花丛的名字叫道德。

——苏霍姆林斯基

对于知识我曾有过这样的体验，好像一个人早早就起床，黑暗中焦急地等待天明和太阳，可是太阳升起时却刺得他的眼睛什么也看不见了。

——歌德

道德常常能填补智慧的缺陷，而智慧却永远填补不了道德的缺陷。

——但丁

美德的道路窄而险，罪恶的道路宽而平，可是两条路止境不同，走后一条路是送死，走前一条路是得生，而且是得到永生。

——塞万提斯

一切不道德事情中最不道德的，就是去做不能胜任的事情。

——拿破仑

适用于道德经验的东西，必然在更高的程度上适用于美的现象。

——席勒

人类最重要的努力莫过于我们的行动中力求维护道德准则，我们的内心平衡甚至我们的生存本身全都有赖于此，只有按道德行事，才能赋予生活美和尊严。

——爱因斯坦

没有伟大的品格，就没有伟大的人，甚至也没有伟大的艺术家，伟大的行动者。

——罗曼·罗兰

当一个人自身缺乏美德的时候，他就一定要贬低别人的这种美德，以实现两者的平衡。

——弗兰西斯·培根

世上人往往当其未得志的时候，尚能具有某些美德，而一旦有了权势，就丧失了这种美德。

——弗朗西斯·培根

无论是对有学历的还是没有学历的人，锄头和铁镐上都存在着道德。

——爱默生

坚定 jianding

我有个原则，想到要做一件事，就一定要做到，而且要做得彻底。

——狄更斯

每个人都应该坚持走他为自己开辟的道路，不被权威所吓倒，不受行时的观点所牵制。

——歌德

不管时代的潮流和社会的风尚怎样，人总可以凭着自己高贵的品质，超脱时代和社会，走自己正确的道路。

——爱因斯坦

人要有毅力，否则将一事无成。

——居里夫人

前途并不属于那些犹豫不决的人，而是属于那些一旦决定之后，就不屈不挠，不达目的誓不罢休的人。

——罗曼·罗兰

思想会有反复，信念坚定不移，事实一去就不复返。

——歌德

许多人做事都是有始无终，开始满怀热情，但到了中途，往往会废弃而返，因为他们没有充分的坚忍力，足以使他们达到最终的目的。

——马尔腾

越是有人责备我，我就越坚强，造谣诽谤对我是补药。

——泰戈尔

一个人的个性应该象岩石一样坚固，因为所有的东西都建筑在它上面。

——屠格涅夫

卓越的人的一大优点是：在不利和艰难的遭遇里百折不挠。

——弗朗西斯·培根

无论哪一件事，只要从头至尾彻底做成功，便是大事。

——孙中山

三军可以夺帅，匹夫不可夺志。

——孔子

生活的道路一旦选定，就要勇敢地走到底，决不回头。

——左拉

事业常成于坚韧执著，而毁于急功近利。勇敢与成功，如影随形。

——佚名

幸运没有降临到一个人，这没有什么可耻；只有自动放弃努力的人，才最可悲。

——佚名

对于一个意志坚强的人来说，无事不能为。

——海伍德

无所事事只是薄弱意志的避难所。

——斯坦霍普

意志自身在本质上是没有一切目的、一切止境的，它是一个无尽的追求。

——叔本华

卓越的人的一大优点是：在不利和艰难的遭遇里百折不挠。

——贝多芬

伟大人物的最明显的标志，就是他坚强的意志，不管环境变换到何种地步，他的初衷与希望仍不会有丝毫的改变，并能终于克服障碍，达到期望的目的。

——爱迪生

我们行动的意志，依我们行动次数的频繁和坚定的程度而增强，而强力则依意志的使用而增长。这样便真能产生信仰。

——海伦·凯勒

人最凶恶的敌人，就是他的意志力的薄弱和愚蠢。

——高尔基

温柔的人也会有铁一样的意志。

——欧文·斯通

我从来不曾有过幸运，将来也永远不指望幸运，我的最高原则是：不论对任何困难，都决不屈服！

——居里夫人

如果你已养成耐性，请相信，你已经做了许多事情。

——歌德

从某种意义说，所谓才能不过是耐得住长期努力的一种力量，最后使你获得胜利的荣冠。

——池田大作

成功就是对一件事坚持足够长的时间。

——海伦·凯勒

对于那些有自信而不介意于暂时失败的人，没有所谓失败。对怀着百折不挠的坚定意志的人，没有所谓失败。对别人放手而他仍然坚忍，别人后退而他仍然前冲的人，没有所谓失败。对每次跌倒而立刻站起来，每次坠地反会像皮球一样跳得更高的人，没有所谓失败！

——雨果

才能——只是一种悠久的耐性。

——福楼拜

爱国 aiguo

当一个人为自己祖国的幸福操劳了整整一生的时候，他死后应该得到宁静。

——高尔基

没有祖国，就没有幸福。每个人必须植根于祖国的土壤里。

——屠格涅夫

人们不能没有面包而生活，人们也不能没有祖国而生活。

——雨果

爱祖国高于一切。

——肖邦

黄金诚然是宝贵的，但是生气蓬勃、勇敢的爱国者却比黄金更为宝贵。

——林肯

要尽可能做一个对祖国有用的人。

——列夫·托尔斯泰

真正的爱国主义不应表现在漂亮的话上，而应表现在为祖国谋福利，为人民谋福利的行动上。

——杜勃罗留波夫

我怀着比我自己的生命更大的尊敬、神圣和严肃，去爱国家的利益。

——莎士比亚

对祖国的爱，就是对凡是压迫它的人们不可战胜的仇恨，就是对凡是侵略它的人们的无终止的深恶痛绝。

——何塞·马蒂

我不能不热爱祖国，但是这种热爱不应消极地满足现状，而应该是生气勃勃地希望改进现状，并尽自己的力量来促进这一点。

——别林斯基

每一个伟大人物的历史意义，是以他对祖国的功勋来衡量的，他的人品是以他的爱国行为来衡量的。

——车尔尼雪夫斯基

为祖国而牺牲是愉快而光荣的。

——贺拉斯

没有再比对祖国的命运、对亲人的命运无动于衷和丧尽天良的人更危险的了。

——谢德林

虚荣的人注视着自己的名字，光荣的人注视着祖国的事业。

——何塞·马蒂

位卑未敢忘忧国，事定犹须待阖棺。

——陆游

以身许国，何事不可为？

——岳飞

鞠躬尽瘁，死而后已。

——诸葛亮

捐躯赴国难，视死忽如归。

——曹植

对时代的共鸣，对祖国、艺术、科学的热爱，在那里，人才可能敞开自己的心扉来容纳全人类的东西。

——赫尔岑

只有热爱祖国，痛心祖国所受的严重苦难，憎恨敌人，这才给了我们参加斗争和取得胜利的力量。

——阿·托尔斯泰

谁不属于自己的祖国，那么他也就不属于人类。

——别林斯基

为祖国而死，那是最美的命运。

——大仲马

生为祖国而生，死为祖国而死。

——普列姆·昌德

只要我的精力允许我的话，我就要首先为我的祖国服务。

——巴甫洛夫

乐以天下，忧以天下。

——孟子

风声、雨声、读书声，声声入耳；
家事、国事、天下事，事事关心。

——顾宪成

只要我是人，我的祖国就是世界。

——阿渥雷琉欧斯

爱国主义的力量多么伟大呀！在它面前，人的爱生之念，畏苦之情，算得上什么呢！在它面前，人本身也算得上什么呢！

——车尔尼雪夫斯基

热爱祖国，这是一种最纯洁、最敏锐、最高尚、最强烈、最温柔、最有情、最温存、最严酷的感情。一个真正热爱祖国的人，在各个方面都是一个真正的人。

——苏霍姆林斯基

祖国更重于生命，是我们的母亲，我们的土地。

——聂鲁达

热爱自己的祖国是理所当然的事。

——海涅

科学没有国界，科学家却有国界。

——巴甫洛夫

假如我是有一些能力的话，我就有义务把它献给祖国。

——林奈

我们为祖国服务，也不能都采用同一方式，每个人应该按照资禀，各尽所能。

——歌德

为了国家的利益，使自己的一生变为有用的一生，纵然只能效绵薄之力，我也会热血沸腾。

——果戈理

各出所学，各尽所知，使国家富强不受外侮，足以自立于地球之上。

——詹天佑

国家是大家的，爱国是每个人的本分。

——陶行知

天下兴亡，匹夫有责。

——顾炎武

宁做流浪汉，不做亡国奴。

——丰子恺

人类最高的道德是什么？那就是爱国心。

——拿破仑

当他爱他的国家的时候，他的国家也尊重他。

——莎士比亚

我们要把心灵里最美好的激情献给祖国。

——普希金

亡了国当了奴隶的人民，只要牢牢记住他们的语言，就好像拿着一把打开监狱大门的钥匙。

——都德

纵使世界给我珍宝和荣誉，我也不愿离开我的祖国，因为纵使我的祖国在耻辱之中，我还是喜欢、热爱、祝福我的祖国！

——裴多菲

利于国者爱之，害于国者恶之。

——晏婴

真正的爱国主义不应该表现在漂亮的言辞中，而应该表现在为祖国谋福利，为人民谋福利的行动上。

——杜勃罗留波夫

连祖国都不爱的人，是什么也不会爱的。

——拜伦

不要问国家能为你做什么，而要问你能为国家做什么。

——肯尼迪

先天下之忧而忧，后天下之乐而乐。

——范仲淹

今王与民同乐，则王矣！

——孟子

忧国忘家，捐躯济难，忠臣之志也。

——曹植

人民不仅有权爱国，而且爱国是义务，是一种光荣。

——徐特立

或者同祖国一起自由地活着，或者随同她的灭亡一起死去。

——费希特

我们称自己的国家为祖国，我称自己的语言为母语。

——萨缪尔·洛弗

力争使祖国变得更加美好的人才是最爱国的。

——英格索尔

我安于贫困的祖国，没有你，我只能在世间伶仃漂泊。

——夏巴尼

团结 tuanjie

永远束缚在整体中一个孤零零的断片上，人也就把自己变成一个片断了。

——席勒

不管一个人多么有才能，但是集体常常比他更聪明和更有力。

——奥斯特洛夫斯基

个人如果单靠自己，如果置身于集体的关系之外，置身于任何团结民众的伟大思想的范围之外，就会变成怠惰的、与生活发展相敌对的人。

——高尔基

谁若与集体脱离，谁的命运就要悲哀。集体什么时候都能提高你，并且使你两脚站得稳。

——奥斯特洛夫斯基

一个人只靠自己是存在不下去的，因此人总乐于参加一个集体。

——歌德

人们在一起可以做出单独一个人所不能做出的事业；智慧、双手、力量结合在一起，几乎是万能的。

——韦伯斯特

一个伟大人物是靠人类共同生活而生活的；他无法对世界的命运、对巨大的事件表示冷淡；他不能不理解当代的事件——这些事件一定会对他发生影响，不管采取的是什么形式。

——赫尔岑

以为没有别人在自己什么都行的人，是非常错误的；以为没有自己别人什么都不行的人，那就更错误。

——拉罗什弗科

谁要是蔑视周围的人，谁就永远不会是伟大的人。

——左伊默

个人离开社会不可能得到幸福，正如植物离开土地而被扔到荒漠上不可能生存一样。

——列夫·托尔斯泰

若不团结，任何力量都是弱小的。

——拉封丹

团结就有力量和智慧。没有诚意实行平等或平等不充分，就不可能有持久而真诚的团结。

——欧文

一切使人团结的是善与美；一切使人分裂的是恶与丑。

——列夫·托尔斯泰

凡是经过考验的朋友，就应该把他们紧紧地团结在你的周围。

——莎士比亚

朋友间的不和，就是敌人进攻的机会。

——伊索

一滴水只有放进大海里才永远不会干涸，一个人只有当他把自己的和集体事业融合在一起的时候才能最有力量。

——雷锋

一堆沙子是松散的，可是它和水泥、石子、水混合以后，比花岗岩还坚韧。

——王杰

自己无论怎样“进步”，不能使周围的人随着进步，这个人对于社会的贡献是极有限的，甚至可以就是等于零的！真正进步的人，绝不以“孤独”“进步”为已足，必需负起责任，使大家都进步，至少使周围的人都进步。

——邹韬奋

个人之于社会等于身体的细胞，要一个人身体健全，不用说必须每个细胞都健全。

——闻一多

一朵鲜花打扮不出美丽的春天，一个人先进总是单枪匹马，众人先进才能移山填海。

——雷锋

活着，为的是替整体做点事，滴水是有沾润作用，但滴水必加入河海，才能成为波涛。

——谢觉哉

人是要有帮助的。荷花虽好，也要绿叶扶持。一个篱笆打三个桩，一个好汉要有三个帮。

——毛泽东

人民是土壤，它含有一切事物发展所必需的生命汁液；而个人则是这土壤上的花朵与果实。

——别林斯基

天才并不是自生自长在深林荒野里的怪物，是由可以使天才生长的民众产生、生育出来的，所以没有这种民众，就没有天才。

——鲁迅

在许多问题上我的说法跟前人大不相同，但是我的知识得归功于他们，也得归功于那些最先为这门学说开辟道路的人。

——哥白尼

如果说我看得远，那是因为我站在巨人的肩上。

——牛顿

我不应把我的作品全归功于自己的智慧，还应归功于我以外向我提供素材的成千成万的事情和人物。

——歌德

要是没有为数众多的可敬的观察家们辛勤搜集到的丰富资料，我的著作便根本不可能完成，即使写成了也不会在人们心目中留下任何印象。所以我认为荣誉主要应归功于他们。

——达尔文

我们知道个人是微弱的，但是我们也知道整体就是力量。

——马克思

科学家不是依赖于个人的思想，而是综合了几千人的智慧，所有的人想一个问题，并且每人做他的部分工作，添加到正建立起来的伟大的知识大厦之中。

——卢瑟福

我们从别人的发明中享受了很大的利益，我们也应该乐于有机会以我们的任何一种发明为别人服务，而这种事我们应该自愿地和慷慨地去做。

——富兰克林

当一个人受到公众信任时，他就应该把自己看作是公众的财产。

——杰弗逊

每个人应该遵守生之法则，把个人的命运联系在民族的命运上，将个人的生存放在群体的生存里。

——巴金

要永远觉得祖国的土地是稳固地在你的脚下，要与集体一起生活，要记住，是集体教育了你。哪一天你若和集体脱离，那便是末路的开始。

——奥斯特洛夫斯基

共同的事业，共同的斗争，可以使人们产生忍受一切的力量。

——奥斯特洛夫斯基

任何一种不为集体利益打算的行为，都是自杀行为，它对社会有害，也就是对自己有害。

——马卡连柯

命运际遇

命运，不过是失败者无聊的自慰，怯懦者的解嘲。人们的前途只能靠自己的意志，自己的努力来决定。

——茅盾

真正自由的人，只想他能够得到的东西，只做他喜欢做的事情。

——卢梭

批评，这是正常的血液循环，没有它就不免有停滞和生病的现象。

——奥斯特洛夫斯基

每一个人在这世界上都会受挫折，有许多人后来反而在受挫折的地方长得最为结实。

——海明威

成功的内容形形色色，最重要的，须求做人的成功。

——松下幸之助

发展是按所谓螺旋式而不是按直线式进行的。

——列宁

苦难 kunan

没有哪一个聪明人会否定痛苦与忧愁的锻炼价值。

——赫胥黎

患难困苦，是磨炼人格之最高学校。

——梁启超

世界荣誉的桂冠，都用荆棘编织而成。

——贾赖

能克服困难的人，可使困难化为良机。

——丘吉尔

逆境是达到真理的一条通路。

——拜伦

最困难的时候，也就是我们离成功不远的时候。

——拿破仑

善良正直的人必须遭受苦难，他们的理想才能传播和推广。你必须摇动瓶子，或是把它打碎了，才能把里面的香气散发出来；你必须敲打石头，才能迸发出火花！

——黎萨尔

灾难是我们能真正照见自己的最完善的镜子。

——达万南特

逆境是对原则的考验。没有它，一个人很难知道自己是否诚实。

——菲尔丁

奇迹多是在厄运中出现的。

——弗朗西斯·培根

思想懦弱的人，常被灾难屈服；思想伟大者，相反往往乘机兴起。

——华盛顿

有时一个人受到厄运的可怕打击，不管这厄运是来自公众或者个人，倒可能是件好事。

——歌德

逆境，是天才的晋身之阶，信徒的洗礼之水，能人的无价之宝，弱者的无底之渊。

——巴尔扎克

患难可以试验一个人的品格；非常的境遇方才可以显出非常的气节；命运的铁拳击中要害的时候，只有大勇大智的人. 才能够处之泰然。

——莎士比亚

苦难是滋养人的，把诅咒吞下去，让它化成力！

——臧克家

才华是刀刃，辛苦是磨刀石，很锋利的刀刃，若日久不用石磨，也会生锈，成为废物。

——老舍

生活真像这杯浓酒，不经三番五次的提炼啊，就不会这样可口！

——郭小川

成功的花，人们只惊羡她出现时的明艳，然而当初她的芽儿却浸透了奋斗的泪泉，洒满了牺牲的血雨。

——冰心

多灾多难，百炼成钢。

——莎士比亚

如果我笑任何世间的事物，那是为了我不至于哭泣。

——拜伦

我们差不多可以这样说：我们当中最杰出的人是那些经由悲苦至

喜乐的人。

——贝多芬

严冬劫掠去的一切,新春会还给你。

——海涅

纯粹的痛苦和纯粹的欢乐都是不可能的。

——托尔斯泰

你想成为幸福的人吗?但愿你首先学会吃得起苦。

——屠格涅夫

你怕狼,就别到树林里去。

——列宁

坚强者能在命运风暴中奋斗。

——爱迪生

苦难永远是坚强之母。

——莎士比亚

困苦能孕育灵魂和精神的力量。

——雨果

幸福喜欢照顾勇敢的人。

——达尔文

幸运并非没有许多的恐惧与烦恼;厄运并非没有许多的安慰与希望。

——弗朗西斯·培根

苦难对于天才是一块垫脚石。

——巴尔扎克

不有败，安有功。

——庄无臣

处忧患时，退一步思量，则可以自解，此乃处忧患之大法。

——黄宗羲

不管风吹浪打，胜似闲庭信步。

——毛泽东

不退走，不悲观，不绝望。

——鲁迅

正如逆水行舟，无论怎样看风看水，目的只有一个——向前。

——鲁迅

出类拔萃的人都是通过痛苦而得到欢乐。

——胡赫

青年之字典，无“困难”之字；青年之口头，无“障碍”之悟；唯知跃进，唯知雄飞，唯知本身自由之精神，奇僻之思想，锐敏之直觉，活泼之生命，以创造环境，征服历史。

——李大钊

环境越是困难，精神越发奋努力。困难被克服了，就会有出色的成就。这就是所谓“艰难玉成”。

——郭沫若

要承认困难，分析困难，向困难作斗争。

——毛泽东

逆水行舟用力撑，一篙松劲退千寻。

——董必武

莫道浮云终蔽日，严冬过尽绽春蕾。

——陈毅

峰高无坦途。

——李可染

患难困苦，是磨炼人格之最高学。

——梁启超

厄运给信心不坚定者以致命的打击，却给予信心坚定者以锻炼。

——佚名

应该相信，自己是生活的强者。

——雨果

幸运和厄运，各有令人难忘之处，不管我们得到的是什么，都不必张狂与沉沦。

——佚名

我们的生活似乎都不容易，但是那有什么关系？我们应该有恒心，尤其要有自信力！

——居里夫人

要是时势对我们不利，我们并不是小人物，只有在环境征服我们的时候，我们才是小人物。

——歌德

挫折，每一个人在生活的道路上总会遇到它。弱者在它面前叹息、发抖、绝望、停滞不前；强者在它面前挺胸、斗争、崛起、继续前进。强者也不是没有失望，只是他不会以毁灭自己来结束痛苦，而是在挣扎中获得新生。

——佚名

一个人的价值，决定于他对生活力量的抵抗。

——高尔基

假如生活欺骗了你，不要忧郁，也不要愤慨！不顺心时暂且克制自己，相信吧，快乐之日就会到来。

——普希金

失去了可爱的人，也要用理智和情感战胜苦恼和自卑。

——佚名

命运 mingyun

一个人若具备许多细小的优良素质，最终都可能成为带来幸运的机会。

——弗朗西斯·培根

炫耀于外表的才干徒然令人赞羡，而深藏未露的才干则能带来幸运。

——弗朗西斯·培根

只要你有好运气，其余的东西也就全在你的掌握中了；只要你能够事事如意，大家便认为你伟大。

——雨果

命运之神的力量仅得到不幸者的承认，幸运者都把他们的成功归因于谨慎或功德。

——斯威夫特

人生就是学校。在那里，与其说好的教师是幸福，不如说好的教师是不幸。

——海贝尔

我要扼住命运的咽喉，它休想使我屈服。

——贝多芬

每个人的命运之星就在各自的心胸之中。

——萨迪

命运是机会的影子。

——苏格拉底

能使愚蠢的人学会一点东西的，并不是言辞，而是厄运。

——德谟克里特

我是我命运的主人，我是我心灵的主宰。

——赫里克

好运与厄运在我看来是两种统治力量。以为人类智慧能够扮演命运女神的角色未免愚蠢？

——蒙田

平凡的人听从命运，只有强者才是自己的主宰。

——维尼

命运给我们自由发展的机会。只有当我们自己冥顽不灵时，我们的计划才会遭遇挫败。

——莎士比亚

命运是神所想的东西，人只要勤奋工作就行了。

——夏目漱石

命运变化如月亮的阴晴圆缺，无损智者大雅。

——富兰克林

如果有工作要做，就应该立刻做好，如果交运时你发现自己毫无准备，就不该怪怨命运女神，却应当埋怨你自己。

——克雷洛夫

幸运所生的德性是节制，厄运所生的德性是坚忍。

——弗朗西斯·培根

画上了杰作的画布会有什么想法呢？“我被弄脏了，我遭到了粗暴的对待，我被掩盖了。”人们也是如此抱怨着自己的命运，无论命运之神如何善待他们。

——让·科克托

命运往往是严酷的，它能够使一个意志坚强的人产生动摇和颓唐，甚至也能促使一个人在精神上完全垮掉。但是，我坚信真理必胜。正是这种信念支撑着我经受住眼前的严峻考验。

——谢尔曼

每个人都是自己命运的建筑师。

——克劳笛乌斯

智慧和命运交锋时，如果智慧有敢做敢为的胆识，命运就没有机会动摇它。

——莎士比亚

意志与命运常相违背，我们的策划每被推翻；思想是我们的，目标却非自己所有。

——莎士比亚

命运不是统治者，而是造化的奴隶。

——波尔维

所有的人都只需要一个帮助者，那便是机会。

——佚名

机会老人先给你送上它的头发，当你没有抓住再后悔时，却只能摸到它的秃头了。或者说它先给你一个可以抓的瓶颈，你不及时抓住，再得到的却是抓不住的瓶身了。

——弗朗西斯·培根

你还能想得出比这样的一个人更好的人吗？他不相信有些人拿来当作万物之主的那个命运，他认为我们拥有决定事变的主要力量，他把一些事物归因于必须，一些事物归因于机遇，一些事物归因于我们自己。

——伊璧鸠鲁

人类本不能给自己选择理想的时代和环境，而可以抓住许多现实的机会。有些机会可容我们改造自己的命运，但若失之交臂，则永远不能追回。

——徐懋庸

宿命论是那些缺乏意志力的弱者的借口。

——罗曼·罗兰

命运就是对一个人的才能考验的偶然。

——蓬皮杜

没有所谓命运这个东西，一切无非是考验、惩罚或补偿。

——伏尔泰

命运有点像女人，假使你太热情去追求她，她就要远远地避开你。

——查里斯五世

从最高地位上跌落下来，那变化是可悲的；但命运的转机却能使穷困的人欢笑。

——莎士比亚

人的命运就操在人的手里。

——萨特

人类即使有各自的命运，却没有所谓超越人类的命运。

——加缪

命运爱护勇者。

——华兹·华斯

天命是好人的朋友，贤者的引导人，愚人的暴君，坏人的敌人。

——欧嘉

真正幸运者并不是拿到赌桌上最好的牌的人，而是那些知道什么时候应该离座回家的人。

——约翰生

与命运争吵的人，永远无法了解自己。

——惠特曼

命运不能妨碍我们的欢乐，让他来胁迫我们吧！我们还是要欢笑度日，只有傻瓜才不是这样。

——高尔基

平坦的道路，也难免有绊倒的时候。人的命运亦如此。因为，除了神以外，谁都不知真实为何物。

——契诃夫

命运：暴君施虐的权力，傻瓜失败的借口。

——比尔斯

人们不存侥幸之心，方可为幸运的主宰；而幸运除了懦夫之外，都是不敢欺凌的。

——乔叟

不管我们漫游到什么地方，命运的引线永远在我们面前。

——利希特

大多数的人因对命运要求过多，而自己播下不满的种子。

——汛泊尔特

人们对自己实际拥有什么东西，并不怎么感谢命运，对于自己缺少什么东西，却总是加倍地埋怨命运。

——海伦·凯勒

命运并不是来自某处，而是在自己的心田里成长。

——海涅

命运特别在战争上能扮演最大的角色，那是从小小的原因，引起决定性的变化。

——恺撒

在灰暗的日子中，不要让冷酷的命运窃喜；命运既然来凌辱我们，我们就应该用处之泰然的态度予以报复。

——莎士比亚

人总是人，是自己命运的主人。

——丁尼生

在命运的颠沛中，最容易看出一个人的气节。

——莎士比亚

命运像玻璃，越明亮，越闪光；越闪光，越容易破碎。

——贺拉斯

命运与爱情永远与勇者亲善。

——奥维德

命运女神不仅自己盲目，而且还使自己所偏爱的人也变得盲目。

——西塞罗

命运不会使我们幸福或不幸，它只提供材料和种子而已。

——蒙田

如果你相信命运，那就相信它吧，至少是为了你自己的缘故。

——爱默生

向命运大声叫骂又有什么用？命运是个聋子。

——欧里庇得斯

自知者不怨人，知命者不怨天。

——荀子

命运对生者具有至高无上的权力，但对知道如何去死的人却无能为力。

——塞涅卡

尽管在命运的迎头痛击下，我头破血流，但还往前走。

——惠特曼

像一股和顽强的崖口进行搏斗的狂奔的激流，你应该不顾一切纵身跳进那陌生的、不可知的命运，然后，以大无畏的英勇把它完全征服，不管有多少困难向你挑衅。

——泰戈尔

当命运递给我一个酸的柠檬时，让我们设法把它制造成甜的柠檬汁。

——雨果

人虽然各有各的命运，却没有一种命运超越了人类的命运。

——加缪

凡是追逐不靠自身而依赖外界才能获得的幸福的人，命运总是和他作对的。

——莫罗阿

命运压不垮一个人，只会使人坚强起来。

——伯尔

有勇气承担命运这才是英雄好汉！

——黑塞

对于命运的变化无常，我们感叹得太多了。发不了财的，升不了官的，都要埋怨命运不好。然而，仔细想想吧！过去还是在你自己。

——克雷洛夫

当命运微笑时，我也笑着在想：她很快又要蹙眉了。

——弗朗西斯·培根

人生的命运是多么难以捉摸！它可以被纯粹几小时内发生的事情毁灭，也可以因几小时内发生的事情而得到拯救。

——欧文·斯通

人都认为，自己一生要自己来引导，但在心灵深处，却任凭命运摆布。

——歌德

你应当满足于自己的命运，谁也不可能在每件事情上都超越别人。

——伊索

正路并不一定就是一条平平坦坦的直路，难免有些曲折和崎岖险阻，要绕一些弯，甚至难免误入歧途。

——朱光潜

人的前途只能靠自己的意志、自己的努力来决定。

——茅盾

凡人不会因为自己没有成为帝王而痛苦，可是被废黜的帝王却会因为自己成了一个凡人而痛苦万分。

——雷纳·克莱尔

所有成功的人都承认自己是因果论者。他们相信成功不是由于命运，而是由于定律；相信在结合开始与终结的一件事的连贯中并没有一个脆弱的破裂的环节。

——爱默生

每一个人的一生中都有能够创造幸福的一小时，如果他能捉住它。

——福莱柴尔

聪明人决不等待机会，而是攫取机会，运用机会，征服机会，以机会为仆役。

——卓宝

许多人对待时机都像小孩子们在海滨戏沙一样，他们用自己的小手抓取了满把沙砾，却又让它们一粒粒地漏下去，终至漏尽。

——仲斯

人的生命似洪水奔流，不遇着岛屿和暗礁，难以激起美丽的浪花。

——奥斯特洛夫斯基

命运往往是严酷的，它能够使一个意志坚强的人产生动摇和颓唐，甚至也能促使一个人在精神上完全垮掉。但是，我坚信真理必胜。正是这种信念支撑着我经受住眼前的严峻考验……

——台尔曼

虽然人已决定，但上帝仍还要再处理一番。

——格林

天决不助不愿作为的人。

——大仲马

机遇垂青那些懂得怎样追求她的人。

——尼科尔

运气通常照顾深思熟虑者。

——诺贝尔

命运就是对一个人的才能考验的偶然。

——蓬皮杜

逆境中，人靠希望得救。

——米南德

生活是一座迷宫，我们还没有学会行走，就已经迷失了方向。

——西里尔·康诺利

勇气减轻了命运的打击。

——德谟克利特

自由 ziyou

生活而不为生活俘虏，做自己的主人。

——罗曼·罗兰

自由固不是钱所能买到的，但能够为钱而卖掉。

——鲁迅

自由是使所有的特权,有效地加以发挥的一种特权。

——康德

什么是自由?自由是持续不断的心灵活动的表现。

——泰戈尔

饥饿而有自由,胜于沦为奴隶而吃得胖胖的。

——伊索

谁是自由的呢?那就是能节制自己的贤者。

——贺拉斯

能够按自己愿望选择生活道路的人就是自由的人。

——爱庇克泰德

在彼此不妨害自由的范围内,扩张我的自由,这就是自由的法则。

——康德

自由需要有所谓义务的保证人,如果没有了他,便纯属一种任性。

——屠格涅夫

即使把我关在一个果壳里,我也会把自己当做一个拥有着无限空间的君王。

——莎士比亚

人类的第一需要,第一个权利,第一个义务,是自由。

——雨果

一个人只要宣称自己是自由的,就会同时感到他是受限制的。如果他敢于宣称自己是受限制的,他就会感到自己是自由的。

——歌德

放弃自由,等于放弃做人的权利,也等于放弃了一切。无论是谁,如果连做人的权利和义务都要抛弃的话，想要得到任何补偿是不可能的。

——卢梭

我们不能称缺乏自制的人为自由的人。

——毕达哥拉斯

世上没有完全无条件、完全自由的东西。

——泰戈尔

随意表达自己的思想，是每个人的自由权。

——荷马

意志自由只是借助于对事物的认识来作出决定的那种能力。

——恩格斯

生命之河在它的一个岸边享有自由，在另一个岸边就会受到约束。

——泰戈尔

我们用武力征服整个宇宙，比使一个村庄全体居民的思想臣服要容易。

——伏尔泰

每个人的自由发展是一切人的自由发展的条件。

——马克思

您说的话我至死也不能同意一个字，但我要誓死捍卫您说每一个字的权利。

——伏尔泰

人类的特性恰恰是自由的自觉的行动。

——马克思

思想自由是一个人所能得到的唯一的、最珍贵的自由。只有那些什么也不轻信，一切都要加以探讨的人，只有深深懂得生活在不断发展、不倦运动，现实生活中的种种现象是变幻无穷的人才拥有这种自由。

——高尔基

真正的自由是有做你应该做的事情的自由，而不是获得你想要得到的东西的自由。

——蒙哥马利

我从来就认为人的自由并不在于可以做他想做的事，而在于可以不做他不想做的事。

——卢梭

人类的至善之境是它获得最大自由之时。

——但丁

那些不知道自己缺乏自由之意志的人才是真正的贫穷。

——尼采

无知者是不自由的，因为和他对立的是一个陌生的世界。

——黑格尔

谁需要的越小，他的幸福就越大，谁希望的越少，他的自由就越多。

——高尔基

自由是令人迷惑的：人们占有它的时候，往往不知道有它；直到失去了，没有了，他们才知道它。

——卡尔·桑德堡

任何限制，都是从自己内心开始的。

——柏华　王立宇

人类靠自己是注定要变成自由的。

——黑格尔

一个人的真正价值，首先决定于他在什么程度上和在什么意义上从自我解放出来。

——爱因斯坦

人不是由于有避免某种事物的消极力量而是由于有表现本身的真正个性的积极力量才得以自由。

——马克思

任何一种解放都是把人的世界和人的关系还给人自己。

——马克思

信心 xinxin

我们必须有恒心，尤其要有自信心，我们必须相信我们的天赋是用来做某种事情的，无论代价多么大，这种事情必须做到。

——居里夫人

雄心是生活的动力，也是一切灾难的渊源。

——松苏内吉

只有满怀自信的人，才能在任何地方都怀有自信沉浸在生活中，并实现自己的意志。

——高尔基

人当自信，自守。虽称誉之，承奉之，亦不为之加喜；虽毁谤之，侮慢之，亦不为之加沮。

——薛宣

天生我材必有用。

——李白

在鸟终为凤,为鱼须化鲲。

——邵谒

人当自信,定见明,自信笃,可以处大事。

——薛宣

无论你可能确信什么,你都必须确信一点:你和别人一模一样。

——罗威尔

鄙夫俗子,望敝屣而下拜。我则希望:阿波罗饮我以缪斯之泉流溢的玉杯。

——莎士比亚

自信是成功的第一秘诀。

——爱迪生

伟人之所以看起来伟大,只是因为我们在跪着,站起来吧!

——马克思

只要有生活的愿望和对本身力量的自信,那么整个一生将会是一座最美好的时钟。

——高尔基

思想家不需要旁人的赞赏或喝彩,只要他自己来鼓掌——这是不可缺少的信心。

——尼采

不屈不挠的意志之星,在我的心中升起,雍容自若,沉着坚定,安详而又静谧。

——朗赞罗

字典里最重要的三个词，就是意志、工作、等待，我要在这三块基石上建立我成功的金字塔。

——巴斯德

人类所有的力量，只是耐心加上时间的混合，所谓强者，是既有意志，又能等待时机。

——巴尔扎克

由百折不挠的信念所支持的人的意志，比那些似乎是无敌的物质力量具有更大的威力。

——爱因斯坦

对于凌驾于命运之上的人来说，信心是命运的主宰。

——海伦·凯勒

我对自己信心百倍：对手能夺走胜利，却夺不走我的光荣！

——米隆

命运的主宰是人自己，而人自己的主宰是意志。

——伏尔泰

本领加信心是一支战无不胜的军队。

——赫伯特

批评 piping

学识渊博者的行为举止常是不拘小节，这使他们经常在琐碎而普通的问题上犯错误，这让那些庸俗的小人钻了空子，用学者的小毛病来评判学者的丰功伟绩。

——弗朗西斯·培根

正己而后可以正物，自治而后可以治人。

——岳飞

有则改之，无则加勉。

——朱熹

我并不是说人非要自己正确无误才有资格批评别人，如果那样，则没有人可以批评。

——蒙田

人在无话可说时，不批评别人是很少的。

——尼采

反对的意见在两方面对于我都有益，一方面是使我知道自己的错误，一方面是多数人看到的比一个人看到的更明白。

——笛卡儿

只有爱人的人才有权利责备别人，申斥别人。

——屠格涅夫

对于批评既不必提出抗议，也勿需为自己去辩解；不必把它放在眼里，而是用行动来说明。这样，批评就会慢慢地一钱不值。

——歌德

尊敬伟大人物的最好的方法，莫过于把他的缺点就像他的美德一样仔细认真地揭示出来。

——海涅

非难要比赞美安全。

——爱默生

喜欢斥责别人的人，不是交朋友的材料。

——德谟克里特

最能保人心神之健康的预防药就是朋友的忠言规谏。

——弗朗西斯·培根

人人都在期待各位的批评，但是，他们所希望的只是称赞而已。

——毛姆

自我批评也就是最严格的批评，而且也是最有益的。

——高尔基

要挑错总是容易的，只要你有这样的癖好。从前有个人挑不出他的煤炭有什么毛病，就抱怨那里含有史前的蛤蟆太多了。

——马克·吐温

惩罚只有一个合理的目的与作用——那就是提醒犯了错误的人不要再犯。

——马克·吐温

不闻其过，最患之大者。

——王安石

要不伤感情、不引起憎恨而又能够改变别人的错误，你也不要忘记了第三个信条：批评他人时，先谈自己的错误。

——戴尔·卡耐基

人们不喜欢改变自己的决定。他们不可能在强迫和威胁下同意别人的观点。但他们愿意接受态度和蔼而又友善的开导。

——戴尔·卡耐基

听别人数说我们的错误很难，但假如对方谦卑地自称他们也并非完美，我们就比较容易接受。

——戴尔·卡耐基

以铜为鉴，可正衣冠；以古为鉴，可知兴替；以人为鉴，可明得失。

——李世民

观于明镜，则疵瑕不滞于躯；听于直言，则过行不累于身。

——王粲

言之者无罪，闻之者足以戒。

——子夏

批评家的职务不但是剪除恶草还得灌溉佳花——佳花的苗。

——鲁迅

革命者决不怕批判自己，他知道得很清楚，他们敢于明言。

——鲁迅

谁向我们指出都行，只要你说得对，我们就改正。你说的办法对人民有好处，我们就照你的办。

——毛泽东

我们有批评和自我批评这个马克思列宁主义的武器。我们能够去掉不良作风，保持优良作风。

——毛泽东

真正的高明，不是不犯错误，而是能由自我批评中达到高明，不肯自我批评的人，永远不会真正高明。

——谢觉哉

豁然大度，从谏如流。

——班固

人受谏，则圣；木受绳，则直；金受砺，则利。

——王肃

谀言顺意而易悦，直言逆耳而触怒。

——欧阳修

真正的科学精神，是要从正确的批评和自我批评发展起来的。

——李四光

没有什么东西比对我的论题的坦白批评，更能使我感到激动。

——李四光

知错就改，永远是不嫌迟的。

——莎士比亚

明己之过难。

——罗素

应该逃避谄媚者的花言巧语，而不应该逃避一个朋友坦率恳切的苦口良言。

——乔叟

能使事业趋于正轨者还数忠言。

——弗朗西斯·培根

交友非为相互取悦，只为失误时有忠言相告。

——瓦鲁瓦尔

人越相爱，就越不该面谀；真心相爱，就是决不讳过。

——莫里哀

接受忠告，就是增进一个人自己的能力。

——歌德

在革命事业中，认识到自己的缺点就等于改正了一大半。

——列宁

不用说，自我批评对于任何一个富有朝气、生气勃勃的政党都是绝对有必要的。再没有比沾沾自喜的乐观主义更庸俗的了。

——列宁

不怕承认自己的错误，不怕一次又一次地改正这些错误，这样一来，我们就会登上山顶。

——列宁

聪明的人并不是不犯错误的人。不犯错误的人是没有而且也不可能有的。聪明人是不犯重大错误同时又能容易而迅速地纠正错误的人。

——列宁

先思而后言是批评的座右铭。

——爱·摩·福斯特

曲折 quzhe

患难可以考验一个人的品格，非常的境遇可以显出非常的气节。

——莎士比亚

失败只是向新的灿烂的幻想之路上的起步。

——爱迪生

人生也不值得你为了错失一个前程而烦恼。

——罗曼·罗兰

错误就是财富，错误使人领悟，它意味着；磨炼真正的人格呼禀赋，直至我们德行高尚，不随世俗。

——夏巴尼·罗伯特

懂得兜圈子，绕道而行的人，往往是第一个登上山峰的人。

——罗曼·罗兰

在生活中，比历经奋斗而毫无成就更糟糕的事只有一件，那就是百事顺利。

——罗伯特·尼斯贝特

可纪念的胜利，都是从奋斗的悲剧中得来的。

——李大钊

“不耻最后”。即使慢，驰而不息，纵会落后，纵令失败，但一定可以达到他所向的目标。

——鲁迅

让年轻人在荆棘丛中留下一点羽毛，有益于健康。

——罗曼·罗兰

胜利的意思，往往就是重新站起来的次数比给人打倒的次数多一次。

——安德鲁·都柏林

每一项错误都是一个积累最高成果的事件。

——兰德

如果样样想周全了才能迈出一步，人生又能迈几步？事实上，戏剧性的变动，难以承受的挫折，于漫长的人生，何尝不是有益的？

纵使迈错几步，也比怕错而不敢举步有声有色得多。

——陈祖芬

有的人不犯错误，那是因为他从来不去做任何值得做的事。

——歌德

文王拘而演周易，仲尼厄而作春秋，屈原放逐乃赋离骚，左丘失明厥有国语，孙子膑脚而兵法修列，不韦迁蜀世传吕览，韩非囚秦说难孤愤，诗三百篇，大抵贤圣发愤之所为也。

——司马迁

错误往往是正确的先导。

——毛泽东

总想顺水行舟，永远也找不到江河的发源地。

——赵国栋

人生最痛苦的是梦醒了无路可走。

——鲁迅

人类中最伟大者和最优秀者，皆孕育于贫困这所学校中，这是催人奋发的学校，唯一能出伟人和天才的学校。

——亚科卡

成败 chengbai

不惜一切代价去赢得胜利，不畏艰险去赢得胜利，不管道路多么漫长和艰难，还是要去赢得胜利，因为没有胜利就没有生存。

——邱吉尔

一旦你能赢得那些为你工作的人的心，和他们的尊重，就有可能获得最大的成就。

——蒙哥马利

大胆、无畏，永远是成大事的人的特征。生来胆小，不敢冒险，而畏避困苦的人，自然一生只能做些小事了。

——马尔腾

缺乏自信常常是性格软弱和事业不能成功的主要原因。

——索洛维契克

成功毫无技巧可言，只不过是对工作尽力而为。

——戴尔·卡耐基

感谢上帝没有把我造成一个灵巧的工匠。我的那些最重要的发现是受到失败的启发而获得的。

——戴维

不要问成功的秘诀何在,尽全力去做你该做的事吧!

——华纳梅格

我们关心的,不是你是否失败了,而是你对失败能否无怨。

——林肯

成功是用劳动而结的果,而不是希望。

——约翰·赫斯金

成功之道,在于你为获得成功所作出的积极努力,而不在于预先就衡量这种成功的价值。

——哈里特

失败中有打不败的东西,胜利中有难以容忍的事情。

——丘吉尔

果敢无战不胜,刚毅无征不服。

——亚历山大

自助,是成功最好的方法。

——罗斯金

失败的次数越多,成功的机会亦愈近。成功往往是最后一分钟来访的客人。

——淡敏

对于从不会成功的人来说,认为最甜美的事毋过于成功了。

——狄金森

对微小事物的仔细观察，就是事业、艺术、科学及生命各方面的成功秘诀。

——史迈尔

不论从事何种职业，走向成功的第一步，就是必须对这种职业感兴趣。

——欧斯拉

先想到的总是错误和失败。在我们的想像中，它们的分量超过那些我们已经完成和实现的事情。

——歌德

生活好似演戏——成功与否不在情节有多长，而在演技有多好。

——塞内加

仅有欲望而无行动的人只能产生瘟疫。

——英莱克

被克服的困难就是胜利的契机。

——丘吉尔

成功并非重要的事，重要的是努力。

——鸠佛罗

最有希望的成功者，并不是才干出众的人，而是那些最善利用每一时机去发掘开拓的人。

——苏格拉底

许多赛跑的失败，都是失败在最后的几步。路“应跑的路”已经不容易，“跑到尽头”当然更困难。

——苏格拉底

凡事必须要有统一和决断。因此，胜利不站在智慧的一方，而站在自信的一方。

——拿破仑

人生的成长就是“失败——新生”周而复始的过程。

——加藤谛三

失败可能是变相的胜利，最低潮就是高潮的开始。

——朗费罗

如果你要获得成功，就应当以恒心为友，以经验为顾问，以耐心为兄弟，以希望为守护者。

——爱默生

努力不懈的人，会在人们失败的地方获得成功。

——海格门斯顿

成功是强而有力的补药，因为它能使才能有力地应用，使我们的雄心和渴望，达到和谐的境界。

——亚历山大

灰心生失望，失望生动摇，动摇生失败。

——弗朗西斯·培根

骐骥一跃，不能十步；驽马十驾，功在不舍；锲而舍之，朽木不折；锲而不舍，金石可镂。

——荀况

众人的失败，往往都不是因为他们无能，而是因为他们心意不专。

——吉鲁德

不惜一切代价，去赢得胜利；不论多么可怕，也要赢得胜利；不论道路多么遥远和艰难,也要赢得胜利。因为,没有胜利,就不能生存。

——丘吉尔

只有把抱怨环境的心情,化为上进的力量,才是成功的保证。

——罗曼·罗兰

人人都说非得成功不可。但是我却这样想:首先须求取生存,这才是世界最大的成功。

——乔诺

前人的错误给我们的教益不亚于他们的积极的成就给我们的教益。

——狄慈根

我们倒下去要爬起来,受到挫折要战斗得更好。

——勃朗宁

短时期的挫折比短时间的成功好。

——毕达歌拉斯

使我们失败的那些因素,终有一天会使我们转败为胜。

——戴高乐

如果我们过于爽快地承认失败,就可能使自己发觉不了我们非常接近于正确。

——卡尔·波普尔

最困难的时候,就是我们离成功不远了。

——西乡隆盛

一时的成就以多年的失败为代价而取得。

——勃朗宁

胜利是赢来的，不是施舍来的。

——鲍尔

障碍越多，成功的人越光荣；没有困难，怎能显出坚忍的美德。

——莫里哀

本来无望的事，大胆尝试，往往能成功。

——莎士比亚

成功并不是黄金可以堆成的，也不是震撼世界的名声所能堆砌成的。

——列夫·托尔斯泰

功成，名就，身退乃天道也。

——老子

成功是相对的，正是从那种我们能把它搞得一团糟的事情中，我们获得了成功。

——艾略特

当失败不可避免时，失败也是伟大的。

——惠特曼

得其所利，必虑其所害；乐其所成，必顾其所败。

——刘向

模范表示了成功的可能性。

——史密斯

失败是什么？失败就是走上较高地位的第一道阶梯。

——菲力浦斯

失败可以导致胜利，死亡可以导致永生。

——泰戈尔

成功——功与过的试金石。

——拜伦

日计之无近功，岁计之有大利。

——李白

成事不说，遂事不谏，既往不咎。

——孔子

辉煌的胜利最易冲昏人的头脑。

——塞内加

成功并不是重要的事，重要的是努力。

——加费罗

事者，生于虑，成于务，失于傲。

——管子

不为不可成，不求不可得，不处不可久，不行不可复。

——管子

胜利者并非摘取胜利果实的人，而仅仅是固守在战场上的人。

——高尔基

一个人要失败之后，方始发觉他欲望的强烈。

——巴尔扎克

要成功一件事业，必须花掉毕生的时间。

——列文虎克

人的眼睛，在失败的时候，方才睁了开来。

——契诃夫

凡百事之成也，必在敬之；其败也，必在慢之。

——荀子

以不屈的意志作朋友，经验作顾问，谨慎为兄长，希望为守护神，如此，即成功在望矣。

——爱迪生

失败和挫折等待着人们，一次又一次使青春的容颜蒙上哀愁，但也使人类生活的前景增添了一份尊严，这是任何成功都无法办到的。

——梭罗

知己知彼，百战不殆。

——孙武

为者常成，行者常至。

——晏子

成功很快便会失去兴味。最快乐的时光是当微风吹拂着我们的篷帆，水声在船头下哗啦哗啦作响的时候。

——巴克斯顿

掘井切莫半途而废，须到井水涌现方可罢休。

——石川理纪之助

只有在字典里，成功才出现在工作之前。

——布里斯班

精神如果满足，表示它已经萎缩或是疲劳。高贵的精神，在自己的体内，从不知停留。它不断企求超越自己而奋勇向前，不曾稍止。

——蒙田

君子之所取者远，则必有所待；所就者大，则必有所忍。

——苏轼

成功者的思想有如一把钢钻，是朝向单纯一点的。

——包菲

今众人之所以欲成功而反为败者，生于不知道知，而不肯问知而能听。

——韩非子

成大事者，不怕小耻；立大功者，不拘小谅。

——冯梦龙

成败何足论，英雄自有真。

——万邦荣

千万人的失败，都是失败在做事不彻底，往往做到离成功尚差一步就终止不做了。

——莎士比亚

成功太早往往容易毁掉一个人。

——文宁

最成功的人往往就是敢冒大险的人。

——柏格森

希望成功，就必须确定目标。

——陀斯妥耶夫斯基

前古之兴亡，未尝不经于心也；当世之得失，未尝不留于意也。

——韩愈

事不患于不成，而患于易坏。

——欧阳修

辉煌的人生，并不在于长久不败，而是在于不怕失败。

——拿破仑

成功与其靠外来的帮助，还不如靠自力更生。

——林肯

凡不能获得他人信任的人，永远难求成功。

——纪德

失败最少的将军就是最好的将军。

——汉密尔顿

伟人是通过最少的失败得益最多的人。

——豪斯

避免失败的最稳当办法，就是下决心获得成功。

——孟德斯鸠

千淘万漉虽辛苦，吹尽狂沙始得金。

——刘禹锡

要记住：历史上所有伟大的成就，都是由于战胜了看来是不可能的事情而取得的。

——卓别林

一个人的意义不在于他的成就，而在于他所企求成就的东西。

——纪伯伦

我每看运动会时，常常这样想：优胜者固然可敬，但那虽然落后而仍非跑至终点不止的竞技者，和见了这样竞技者而肃然不笑的看客，乃正是中国将来的脊梁。

——鲁迅

朝夕的去求真理，不一定要成功，因为真理无穷，宇宙无穷；我们去寻求，是尽一点责任，希望在总分上，加上万万分之一。胜固是可喜，败也不足忧。

——胡适

取得成功应靠自己的行动，而不是靠他人的恩宠。

——普拉图斯

不干则已，干就务求成功。

——奥维德

谁在夺取了胜利之后又征服自己，谁就赢得了两次征战。

——弗朗西斯·培根

成功的第一个条件是真正的虚心，对一切敝帚自珍的成就，只要看出同真理冲突，都愿意放弃。

——埃·斯宾塞

在胜利者的眼中，一切都是可喜的。

——莎士比亚

并非所有的人都能成功；勇于进取者往往要冒失败的风险。

——托·斯摩莱特

为伟大的事业捐躯，从来就不能算作是失败。

——拜伦

成功的秘诀是锲而不舍。

——迪斯累里

一个人倘若一生只追求一样东西，那他就有希望在寿终之前得到它。但是倘若他每到一处什么都想追求，那他只能从遍播种子的土地上收获到遗憾。

——梅瑞狄斯

失败往往是黎明前的黑暗，继之而出现的是成功的朝霞。

——霍奇森

一个人如果不到最高峰，他就没有片刻的安宁，他也不会感到生命的恬静的光荣。

——萧伯纳

人一旦获得成功，就会忘掉痛苦。

——约翰·雷

大多数事情的成功，都在于知道花多长时间才能获得成功。

——孟德斯鸠

所谓失败，只不过是别人对你应该如何做某件事的看法。所以，一旦你相信没有必要事事都按别人的意图去做，你也就不会失败了。

——戴埃

你在某一具体事情中的失败并不等于你作为一个人的失败。

——戴埃

成就事业要能忍受时间的凌辱。

——弗·米斯特拉尔

在别人藐视的事中获得成功，是一件了不起的事，因为这证明了不但战胜自己，也战胜了敌人。

——蒙特兰

只有具备真才实学，既了解自己的力量又善于适当而谨慎地使用自己力量的人，才能在世俗事物中获得成功。

——歌德

只有执著追求并从中得到最大快乐的人，才是成功者。

——梭洛

谁生活美满，笑口常开，爱得深沉，谁就是个成功者。

——斯坦利

聪明的资质，内在的干劲，勤奋的工作态度和坚忍不拔的精神，这些都是科学研究成功所需的其他条件。

——贝弗里奇

成功常会成为下一个失败的原因，反之，任何失败也都可能因智慧和努力而成为下一次大成功的原因。

——池田大作

人，最理想的是从事永久不灭的事业，这也是生命对人类的要求。

——武者小路实笃

要想取得成功，就得顺应潮流，切不可不知变通地逆流而动。

——斯托尼

失败有时会使人清醒、冷静，使人重新估量自己的存在；成功有时会使人昏然、陶醉，使人过高地估计自己的价值。驾驭这二者，是在把握自己的人生之舵。

——贾曦光

一系列成功所带来的幸福也不足以同一个失败所造成的苦恼相比。

——西塞罗

事以微巧成，以疏拙败。

——韩非

不干，固然遇不着失败，也绝对遇不着成功。

——邹韬奋

罗马并非一日造成，成功亦非一蹴而就。

——雷·怀尔德

一朵成功的花都是由许多苦雨、血泥和强烈的暴风雨的环境培养成的。不是一朝成功的人,他的事业也不是一朝可以破坏或失败的。

——冼星海

一羞赧的失败比一骄傲的成功还要高贵。

——纪伯伦

成功者与失败者之间的区别,常在于成功者能由错误中获益,并以不同的方式再尝试。

——戴尔·卡耐基

不会从失败中找寻教训的人,他们距离成功之路是遥远的。

——拿破仑

那些即使遇到了机会,还不自信必能成功的人,只能得到失败。

——叔本华

福祸 fuhuo

境遇就像不断聚散的云彩,当我们开怀大笑时,祸种已经播进了滋生各种事件的广袤耕地;当我们开怀大笑时,它萌芽、生长,突然结出了我们必须采摘的恶果。

——济慈

祸患多蕴藏在隐微的地方,而发生在人们疏忽的时候。

——弗朗西斯·培根

可以生而生,福也;可以死而死,亦福也。

——欧阳玄

人欺不是辱,人怕不是福。

——吕坤

不要羡慕别人一时的幸运！时间会筛掉一切不真实的东西。

——罗兰

不幸，是天才的晋身之阶，是信徒的洗礼之水，是 能人的无价之宝。

——巴尔扎克

一切不幸都是神秘难解的，而且独自想着时会觉得它是最大的不幸；和别人谈谈，它似乎就比较让人能忍受了，因为交谈之后我们变得完全熟悉那些所畏惧的事物，而觉得好像克服了它。

——贝多芬

灾难来自意想不到的地方，最使受害者难受。

——伊索

有福之人便是那些健忘者，因为他们同时也忘却了他们的愚昧。

——尼采

祸兮福之所倚，福兮祸之所伏。

——老聃

人有祸则心畏恐，心畏恐则行端直，行端直则思虑熟，思虑熟则得事理。

——韩非

福生于隐约，而祸生于得意。

——刘向

毒智者莫甚于酒，留事者莫甚于乐，毁廉者莫甚于色。

——刘向

侈则多欲。君子多欲则贪慕富贵，枉遭速祸。

——司马光

结怨于人,谓之种祸;舍善不为,谓之自贼。

——林逋

祸福同根,妖祥同域。构之所倚,反以为福;福之所伏,还以成祸。

——刘昼

祸不入慎家之门。

——王勃

务于远者或失于近,治其外者或思生乎内,覆头者不必能令足不德,蔽腹者不必能令背不伤。故秦始筑城遏胡而祸发帏幄,汉武悬旌万里而变起萧墙。

——葛洪

山陵之祸,起于毫芒。

——李光

仁厚刻薄,是修短关;谦卑骄满,是祸福关。

——金缨

闻其过者,过日消而福臻;闻其誉者,誉回损而祸至。

——司马光

祸莫大于不仇人而有仇人之辞色。

——吕坤

因祸而为福,转败而为功。

——司马迁

肉自生虫,人自生祸。

——桓谭

利不苟就,害不苟去。

——班固

豪华尽出成功后，逸乐安知与祸双？

——王安石

祸常发于所忽之中，而乱常起于不足疑之事。

——方孝儒

种瓜得瓜，种豆得豆。一切祸福，自作自受。

——冯梦龙

舌为利害本，口是祸福门。

——冯梦龙

一个理智之人的祸福，并不取决于他自己的感觉，而是取决于他的行为。

——马可·奥勒留乌斯

灾难是人类真正的试金石。

——博蒙特与弗莱彻

发展 fazhan

是其所美者为神奇，其所恶者为臭腐。臭腐化为神奇，神奇复化为臭腐。

——庄子

江河之水，非一源之水也。千镒之裘，非一狐之白也。

——墨子

消息盈虚，终则有始。

——庄子

丘山积卑而高，江河合水为大。

——庄子

千举万变，其道一也。

——荀子

不积跬步，无以至千里；不积小流，无以成江海。

——荀子

跬步不休，跛鳖千里。

——荀子

千丈之堤以蝼蚁之穴溃。

——韩非子

泰山不让土壤，故能成其大；河海不择细流，故能就其深。

——李斯

强弩之极，矢不能穿鲁缟；冲风之末，力不能漂鸿毛。

——司马迁

江河大溃从蚁穴，山以小陁而大崩。

——刘向

涓涓不壅，终为江河。

——王肃

毫厘之失，有千里之差。

——葛洪

轻者重之端，小者大之源。

——范晔

千里之差,兴自毫端。

——范晔

岂知千仞坠,只为一毫差。

——柳宗元

山积而高,泽积而长。

——刘禹锡

水涨船高,泥多佛大。

——释道原

青山遮不住,毕竟东流去。

——辛弃疾

一日一钱,千日一千;绳锯木断,水滴石穿。

——罗大经

一昼一夜,华开者谢;一春一秋,物故者新。

——刘基

冰厚三尺,非一日之寒。

——兰陵笑笑生

天地之气,化流行不已,生生不息。

——戴震

生命何以必须继续呢?就是因为要发展,要进化。个体既然免不了死,进化又毫无止境,所以只能延续着,在这进化的路上走。

——鲁迅

新的应该欢天喜地的向前走去，这便是壮；旧的也应该欢天喜地的向前走去，这便是死；各各如此走去，便是进化的路。

——鲁迅

一念之忽差毫厘，毫厘之差谬千里。

——谢觉哉

发展是按所谓螺旋式而不是按直线式进行的。

——列宁

聪明人能恰当地使自己的习惯随着时势的变化而变化。

——大加图

每一个人都受变化支配着，一旦要度过这变迁的岁月，他的生命便终止了。

——西塞罗

显而易见，一切事物都是在变化着的。物质是不灭的，它们总是绝对地保持着原有的恒量。

——弗朗西斯·培根

凡事都不是一成不变的。

——蒲柏

风度随着财富变，幽默随着风土变，信条随着书本变，原则随着时势变。

——蒲柏

今日之我已非往昔之我，亦非明日之我。

——拜伦

变化无常的人都是意志最薄弱，心肠最狠毒的人。

——罗斯舍

变化是生命的根本所在。

——梅瑞狄斯

既然事物的变化是自然法则，那么所谓“永恒不变”就是怪诞的。

——威尔英特

纵观自然界的一切领域，变化是自然界的重要法则。

——彭斯

任何事物都有一个兴亡盛衰的演变过程。

——萨卢斯特

世上万物都是千变万化的；变化是大自然永恒的真理。

——亚·考利

拼搏 pinbo

在成名的道路上，流的不是汗水，而是鲜血，他们的名字不是用笔而是用生命写成的。

——居里夫人

任何经验都要在困苦中锻炼出来，都要从战斗中得来，只有这样它才能根深蒂固。

——加里宁

人不能两全其美，熊掌与鱼，不可兼得。如果你想干一件好事，你总得付出一定的代价。

——毛姆

人生在世，绝不能事事如意，反正遇见了什么失望的事情，你也不必灰心丧气，你应当下个决心，想法子争回这口气来。

——马克·吐温

如果你做某件事，那就把它做好，如果你不会或不愿做好它，那最好不要去做。

——列夫·托尔斯泰

我对痛苦的看法是自作自受，我对未来的看法是生活、战斗。

——列宁

道路艰难，但是，只要埋头苦干，你就会惊奇地发现，这是一个多么自由的社会，你可以在这里把你的愿望变为现实。

——李·艾阿科卡

一棵质地坚硬的橡树，即使用一柄小斧去砍，那斧子虽小，但如砍个不停，终必把树砍倒。

——莎士比亚

不应当急于求成，应当去熟悉自己的研究对象，锲而不舍，时间会成全一切的。

——普希金

如果你陷入艰难的境地，一切都同你作对，你似乎再也撑不下一分钟，千万不可放弃，因为那正是时势扭转的关键时刻与境地。

——哈里特·毕却·史多

一个人是可以做到他想做的一切的，需要的只是坚韧不拔的毅力和持久不懈的努力。

——高尔基

无论男女，只要谁有进取的意志，谁就干得成。

——罗曼·罗兰

你应该尽量发挥自己的能力、智力和创造力，使它们集中于自己意志，千万不可依人作嫁，专去做别人的尾巴。

——莎士比亚

希望 xiwang

希望是生命的源泉，失去它，生命就会枯萎。

——富兰克林

希望是人生的梦，没有梦的人生是灰色的。

——池田大作

不论前途如何，不论会发生什么事情，我们都不失去希望，希望是一种美德。

——雨果

最有把握的希望，往往结果终于失望，最少希望的事情，反会出人意外地成功。

——莎士比亚

人类最可宝贵的财富是希望，希望减轻了我们的苦恼，为我们在享受当前的乐趣中描绘出来乐趣的远景。

——伏尔泰

如果没有永生的希望，即使过的是最幸福的一生，也只能称为可悲的一生。

——内村鉴三

当我们自以为达到了我们所希望的目的时候，那恰恰是离我们的希望最远的时候。

——歌德

我们都喜欢瞻望未来,因为我们总是暗自希望那些活动着的尚未肯定的事物,朝着于我们有利的方向发展。

——歌德

在人的幻想和成就中间有一段空间,只能靠他的热望来通过。

——纪伯伦

人情世故

人在世上越离开尘俗，越接近自己，就越幸福。

——卢梭

人应该谦虚，不要让自己的名字像水塘上的气泡那样一闪就过去了。

——契诃夫

有两种和平的暴力，那就是法律和礼貌。

——歌德

宽容 kuanrong

不责人小过，不发人阴私，不念旧恶——三者可以养德，也可以远害。

——洪应明

深以刻薄为戒，每事当从忠厚。

——薛宣

宽容意味着尊重别人的任何信念。

——爱因斯坦

夫妇之争是没有胜者的，只能是两败俱伤。

——石川达三

结婚前眼睛要睁圆，结婚后眼睛要半睁。

——富兰克林

家庭相容性的主要标志是夫妇双方在主观上最大限度地互相满足。

——扎采宾

谦虚 qianxu

自卑往往伴随着怠惰，往往是为了替自己在其有限目的俗恶气氛中苟活下去作辩解，这样一种谦逊是一文不值的。

——黑格尔

大多数的科学家，对于最高级的形容词和夸张手法都是深恶痛绝的，伟大的人物一般都是谦虚谨慎的。

——贝弗里奇

不骄方能师人之长，而知其学。

——谭嗣同

学习必须采取老老实实的态度：刻苦耐劳，顽强不倦，用功读书，仔细研究实际斗争，虚心向他人请教。

——吴玉章

谦虚不仅是一种装饰品，也是美德的护卫。

——爱迪生

善良和谦虚是永远不应令人厌恶的两种品德。

——斯蒂文森

真正的谦虚是只能是对虚荣心进行了深思以后的产物。

——柏格森

伟大的人是绝不会滥用他们的优点的，他们看出他们超过别人的地方，并且意识到这一点，然而绝不会因此就不谦虚。他们的过人之处愈多，他们愈认识到他们的不足。

——卢梭

对骄傲的人不要谦虚，对谦逊的人不要骄傲。

——杰弗逊

炫耀广博见识或渊博学问的人，是既没有见识也没有学问的人。

——海明威

行事不可任心，说话不可任口。

——申居郧

骄傲的人喜欢依附他的人或谄媚他的人，而厌恶见高尚的人。结果这些人愚弄他，迎合他那软弱的心灵，把它由一个愚人弄成一个狂人。

——斯宾诺莎

骄傲自满是我们的一座可怕的陷阱，而且，这个陷阱是我们自己亲手挖掘的。

——老舍

尺有所短，寸有所长；物有所不足，智有所不明。

——韩愈

一个人就好像是一个分数，他的实际才能好比分子，而他对自己的估计好比分母。分母愈大，则分数的值愈小。

——列夫·托尔斯泰

无论在什么时候，永远不要以为自己已经知道了一切。不管人们把你们评价得多么高，但你们永远要有勇气对自己说：我是个毫无所知的人。

——巴甫洛夫

妄自尊大只不过是无知的假面具而已。

——伏尔泰

最大的骄傲与最大的自卑都表示心灵的最软弱无力。

——斯宾诺沙

谦虚的人,快来,让我拥抱你们!你们使生活温和动人。你们自以为一无所有,可是我说你们拥有一切。你们想不使任何人感到惭愧,其实,大家面对着你们都感到惭愧。

——孟德斯鸠

真正的科学家不可能不是谦虚的,因为他做出的事情越多,他就看得越清楚:还有更多的事情没有做。

——法朗士

高尚和慷慨,下贱和鄙吝,谦虚和聪慧,骄傲和愚蠢,也就一定要表现在神色和姿势上,不管人是站着还是在活动。

——克雷洛夫

敬为入德之门,傲为聚恶之府。

——申居郧

一切真正的和伟大的东西,都是纯朴而谦虚的。

——别林斯基

一个骄傲的人,结果总是在骄傲里毁灭了自己。

——莎士比亚

礼貌 limao

礼义的目的与作用本在使得本来的顽梗变柔顺,使人们的气质变温和,使他敬重别人,和别人合得来。

——约翰·洛克

礼貌是儿童与青年所应该特别小心地养成习惯的第一件大事。

——约翰·洛克

怀着善意的人，是不难于表达他对人的礼貌的。

——卢梭

有礼貌不一定显得智慧，无礼貌却常常显得很愚蠢。

——兰道

人之有礼，犹鱼之有水也。

——葛洪

礼貌不用花钱，却能赢得一切。

——玛·沃·蒙塔古

彬彬有礼是高尚的品格中最美丽的花朵。

——温特

礼貌是有教养的人的第二个太阳。

——赫拉克利特

协调 xietiao

夫妻好比同一把琴上的弦，他们在同一旋律中和谐地颤动，但彼此又都是独立的。

——纪伯伦

在地球上，运动分化为运动和平衡的交替；个别运动趋向于平衡，而整体运动又破坏个别平衡。

——恩格斯

天体运动不是别的，而是一种循环永恒的协奏曲，与其说是音响，不如说是理性的协奏曲。

——开普勒

相信世界在本质上是有秩序的和可以认识的这一信念，是一切科学工作的基础。

——爱因斯坦

夫和实生物，同则不继。以他平他谓之和，故能丰长而物归之。若以同裨同，尽乃弃矣。

——史伯

人一辈子都在高潮——低潮中浮沉，唯有庸碌的人，生活才如死水一般，只要高潮不过分使你紧张，低潮不过分使你颓废，就好了。太阳太强烈，会把面容晒焦；雨水太猛，也会淹死庄稼。我们只求心理相当平衡，不至于受伤而已。

——傅雷

言语 yanyu

圣贤也不能逃避谗言的中伤，春天的草木往往还没有吐放它们的蓓蕾，就被蛀虫蠢蚀，朝露一样晶莹的青春，常常会受到罡风的吹打。

——莎士比亚

谁都免不了说几句无聊的话，但遗憾的是人们说的时候都那么一本正经。

——蒙田

如果对方是专门撒谎的人，那么我们相信它的反面就可以了，但人们经常为分辨真伪，产生了不少麻烦。

——蒙田

讲人坏话为什么总不断绝呢，那是因为如果承认了别人的一点点功绩就会降低自己的体面。

——歌德

为自己的好处而说谎是欺诈，为别人的好处而说谎是蒙骗，怀有害人之意而说谎是中伤，这是最坏的谎言。

——卢梭

要给别人脸上抹黑不是件好玩的勾当，一不小心，害人者自己会弄得满身肮脏。

——笛福

言语乃思想之衣裳。

——山缪尔·约翰逊

聪明地说话相当难，聪明地沉默则更难。

——哥弗思

天下之理，非见之极明，勿遽下断语。

——笛卡尔

语言的真正用处，在于隐匿，并不在于太多的表露。

——哥尔斯密斯

每一个人都应学得说话简洁；冗长演词虽可使讲者快意，但却是听者的刑罚，连这一点也不知道的，是愚昧的征象。

——菲尔丁

任何一种语言都是大量的单字，如果你通晓那些单字，就通晓那种语言。

——桑德堡

既不会机智的谈吐，又不知适时沉默，是很大的不幸。

——布律耶尔

即使我有一百张舌、一百张嘴，又有铜锣之声，焉能以言语说尽坏事，把一切责罚推诿殆尽？

——威吉尔

吾辈只向习行上做工夫，不可向语言文字上着力。

——颜元

佞色不能悦尧目，忠言不能入桀耳。色非不美，尧识之；言非不至，桀厌之。

——宋祁

将兴之主，唯恐人之无言；将亡之主，唯恐人之有言。

——方孝孺

有长久的经验，才有简洁的格言。

——塞万提斯

要使人信服，一句言语常常比黄金更有效。

——德谟克里特

闲谈是了解一个人的最好方法。

——塞涅卡

谴责的话比敌对行为伤人更深。

——普鲁塔克

有道德者，不可多言；有信义者，必不多言；有才谋者，不必多言。

——蔡虚齐

言语如箭，一发难收。

——阿尔德基达

在世代淹没人类的无数灾难中，误用字句可被列为最主要的根源之一。

——霍兹

伟大的雄辩不仅要有雄辩者，还必须要有伟大的主题和伟大的场合。

——塞缪尔

言语之赋予我们，乃在使我们互相间作悦耳之辞。

——波菲

要成为一个好的说话人，只有一条规则：学会听。

——莫利

多言取厌，虚言取薄，轻言取侮。

——贺时泰

说没有内容的话，等于发出没有思想的声音。

——维吉尔

语言作为工具，对于我们之重要，正如骏马对于骑士的重要。最好的骏马适合于最好的骑士，最好的语言适合于最好的思想。

——但丁

常常有这样的人，他不想做他要去做的事，就用漂亮的言辞来加以掩饰。

——克鲁普斯卡娅

因为有言语，你胜于野兽；若是语无伦次，野兽就胜于你。

——萨迪

息事宁人的谎言，胜过搬弄是非的真话。

——萨迪

言语不但是思想的媒介物，而且是思考的一种伟大及有效的工具。

——加斐

有些字句像利刃一样，能刺破人的心；有些字句，其尖锐处使人一生内心刺痛不已。

——布雷麦

持之有据，言之成理。

——荀子

得意时，不可作骄傲语；失意时，不可作激愤话。

——陶觉

直率的语言是很容易的，只要你不期待说出绝对的真理。

——泰戈尔

仁惠之言，乃尘世的音乐。

——法巴

人之作孽，莫甚于口，言语尖刻，必为人忌。

——朱熹

话多不如话少，话少不如话好。

——吕近溪

言语简寡，在我可以少悔，在人可以少怨。

——袁采

君子赠人以言，庶人赠人以财。

——荀子

赠人以言，重于金石珠玉。

——荀子

发自内心的话，就能深入人心。

——尼查米

语言最能暴露一个人，只要你说话，我就能了解你。

——本·琼森

只要有正确而独到的见解，三言两语较之不痛不痒的长篇大论要可贵得多。

——王朝闻

言辞具有不可思议的力量。它们能带来最大的幸福，也能带来最深的失望，能把知识从教师传给学生，言辞能使演说者左右他的听众，并强行代替他们做出决定。言辞能激起最强烈的情绪，促使人的一切行动。不要嘲笑言辞在心理治疗当中的用途。

——弗洛伊德

大喊大叫并不能说明什么。母鸡下蛋后总是咯咯地叫个不停，似乎它下了一个小行星。

——马克·吐温

一言之善，贵于千金。

——葛洪

行为很不检点的人，总是头一个说别人坏话。

——莫里哀

说话不考虑,等于射击不瞄准。

——塞万提斯

谗言如果算是一条毒蛇,它就是一条有翅膀的蛇,既能爬又能飞。

——杰罗尔特

谠言则听,谄言不听,王至是然,可为明焉。

——元结

赠人以言,重于珠玉;伤人以言,甚于剑戟。

——孙武

听一面之词须以道理判断之。

——富兰克林

甜言蜜语,其中必包含着苦辣。

——富兰克林

有许多真实的话都是在笑话中讲出来的。

——史威夫特

轻视总是巧妙地隐藏在极尽恭敬的言辞中。

——司汤达

我们很少发现人们在交谈时保持理性和可亲的一面,这是因为人们几乎都只想到他要说什么,却没考虑到他的答案会是什么。

——罗肖夫高

钱财 qiancai

金钱万能同时又并非万能,它遗祸于人,破坏家庭,最终毁灭了拥有者自己。

——普希金

以挣钱为最高目的的人，正不知不觉地把他们的生命和灵魂出卖给富人。

——泰戈尔

有了钱，在这个世界上可以做很多事，就是无法买来青春。

——雷蒙德

到处都在竭力回避金钱问题，但正是金钱成了生活的主要兴趣，对它的态度比什么都更能反映一个人的性格。

——列夫·托尔斯泰

贫穷的伴侣是自由的，束缚伴随着富裕，财富是人创造的，所以人富了之后难以摆脱人世的羁绊。

——内村鉴三

人间再没有像金钱这样坏的东西到处流通，这东西可以使城邦毁灭，使人们被赶出家乡；把善良的人教坏，使他们走上邪路，做些可耻的事，甚至叫人为非作歹，干出种种罪行。

——索福克勒斯

俗话说，财富跟着富人跑，同样，力量也是跟着强者走的。

——罗曼·罗兰

尽管贫穷却感到满足的人是富有的，而且是非常的富有，而那些尽管富有，却整日担心什么时候会变穷的人才凋零得像冬天的世界。

——莎士比亚

财富本是作消费用的，消费的目的在于荣誉和行善。

——弗朗西斯·培根

巨大的财富具有充分的诱惑力，足以稳稳当当地起致命的作用，把那些道德基础并不牢固的人引入歧途。

——马克·吐温

诚实挣得的财产是高尚的，这一要靠勤俭，二要靠正直无欺，但依靠卑劣得来的财富却是肮脏的。

——弗朗西斯·培根

仓廪实则知礼节，衣食足则知荣辱。

——管子

有恒产者有恒心，无恒产者无恒心。

——孟子

食足货通，然后国实民富，而教化成。

——班固

安民之术，在于丰财。

——陈寿

用于国有节，取于民有制。

——苏轼

财者，为国之命而万事之本。

——苏轼

首先是最崇高的思想，其次才是金钱；光有金钱而没有崇高的思想的社会是会崩溃的。

——陀思妥耶夫斯基

刻薄不赚钱，忠厚不折本。

——冯梦龙

万恶的金钱破坏了一切关系!

——列夫·托尔斯泰

财富只有当它为人的幸福服务时,它才算作财富。

——苏霍姆林斯基

无论何时,放弃一大笔钱财都是容易的,但要得到它却是困难的。

——李维

荣誉和财富,若没有聪明才智,是很不牢靠的财产。

——德谟克利特

既有头脑又有钱的人是幸运的,因为他能很好地支配金钱。

——米南德

财富的价值取决于财主的思想,对于懂得如何支配它们的人,财富是福祉;而对于拙于利用它们的人,财富又成了祸根。

——忒壬斯

至于金钱,只要够花就行了,多了则无法享受。

——骚塞

金钱能做很多事,但它不能做一切事。我们应该知道它的领域,并把它限制在那里;当它想进一步发展时,甚至要把它踢回去。

——卡莱尔

傻瓜可能赚得到钱,但花钱还需精明人。

——斯珀吉翁

栎树之外有万木,玫瑰之外有百花,世界的财富由许多不起眼的东西聚成。

——詹·亨特

金钱和所有其他东西一样是虚伪的，令人失望的。

——赫·乔·威尔斯

一切对财富的过于仔细的关心都散发着贪婪的气味，甚至以一种过于有意的不自然的慷慨去处理钱财，也是不值得去费心指挥和关心的。

——蒙田

用血汗挣来的钱是最问心无愧的。

——理·萨维奇

不是自己的钱千万别用。

——杰弗逊

没有充实的心灵，财富只不过是个丑陋的乞丐。

——爱默生

金钱不是做奴隶就是做主人，二者必一，别无其他。

——贺拉斯

金钱是个好兵士，有了它就可以使人勇气百倍。

——莎士比亚

金钱好比肥料，如不散入田中，本身并无用处。

——弗朗西斯·培根

既会花钱，又会赚钱的人，是最幸福的人，因为他享受两种快乐。

——塞·约翰生

如果你懂得使用，金钱是一个好奴仆；如果你不懂得使用，它就变成你的主人。

——马克·吐温

钱财如粪土,仁义值千金。

——《增广贤文》

虽然权势是一头固执的熊,可是金子可以拉着它的鼻子走。

——莎士比亚

金钱是任何国家都能理解的一种语言,可以派上一切的用场。

——阿芙拉·贝

财富就像海水,你喝得越多,你就越感到渴。

——贺拉斯

巨大的财富具有充分的诱惑力,足以稳稳当当地起致命的作用,把那些道德基础并不牢固的人引入歧途。

——马克·吐温

失财产者,损失巨;失朋友者,损失尤巨;失名誉者,则完全损失矣。

——谚语

人生是海,金钱是船夫。如无船夫,度世维艰。

——威克林

世上的喜剧不需要金钱就能产生,世上的悲剧大半和金钱脱不了关系。

——三毛

处世 chushi

不以规矩,不能成方圆。

——孟子

世界上的事情最好是一笑了之，不必用眼泪去冲洗。

——泰戈尔

瓜田不纳履，李下不整冠。

——齐己

一家有急则聚族谋之，国事多艰则举朝忧之。固当以为助我，不当以为难我也。

——张之洞

人之居于社会犹鱼之居于水，鱼离水即死，人离社会即不能生存。水之成分若肥厚，鱼生其间自得快乐；人于社会亦然。社会而日益进化，则人于其间愈得快乐。

——张东荪

曾向空门学坐禅，如今万里尽望筌。

——刘禹锡

思人世而有为者，须先领得世外风光，否则无以脱垢浊之尘线；思出世而无染者，须先谙尽世中滋味，否则无以持空寂之苦趣。

——洪应明

人之生也，也忧患俱来，苟不尔，则从古圣哲，可以不出世矣。种种烦恼，皆为我练心之助；种种危险，皆为我练胆之助；随处皆我之学校也。我正患无就学之地，而时时有此天造地设之学堂以饷之，不亦乐乎？我辈遇烦恼遇危险时，作如是观，未有不哂然自得矣。

——梁启超

戒之以祸，不若喻之以理；喻之以理，不若悟之以心。

——吕祖谦

居安虑危，履平虑蹶。

——张弧

抛却人间第一官，俗情惊怪我方安。兵符相印无心恋，洛水嵩云恣意看。三足鼎中知味久，百寻岩上掷身难。追呼故旧连霄饮，直到天明兴未阑。

——刘禹锡

出者有隐者之心，处者有出者之情，皆惑也。夫出而不决，为忠不彻；处而不果，是谓大惑。噫！大惑不除，虽处于幽岩深壑之间，何异市朝。

——真可

人之制性，当如堤防之制水，常恐其漏坏之易，若不顾其泛滥，一倾而不可复也。

——林逋

先胜则必后负，先怒则必后悔。一朝之忿，则亡其身。

——诸葛亮

交而不卒，合而又离，则两受不弘之名，俱失克终之美。

——葛洪

苟得其心，万里犹近；苟失其心，同衾而远。

——徐干

既与人同乐，亦不得不与人同忧。

——刘义庆

对痴人莫说梦，防所误也；见短人莫说短话，避所忌也。

——金缨

与人方便，自己方便。

——顾起元

与多疑人共事，事必不成；与好利人共事，己必受累。

——申居郧

方严是处人大病痛。圣贤处人，离一温厚不得。

——吕坤

欲纾人之忧，先念忧之所自；欲救人之病，先思病之所由。

——白居易

善者亲之，以治吾不善；不善者亲之，以成吾善。

——崔敦礼

谁无不动者，修身则身正，治事则事理。

——扬时

宽厚者毋使人有所恃；精明者毋使人无所容。

——金缨

子易近人，人心归之。

——白居易

我认为，没有任何需要的人是不可能对什么东西表示喜爱的；我想像不出对什么都不喜爱的人怎么能过幸福愉快的生活。

——卢梭

我们的视野、活动、接触范围越窄，就越感到幸福。如果他们广泛，我们会感到烦恼，而且安全感也会大受威胁。因为，随之而来的担心、愿望、恐怖也会增加、激化。

——叔本华

损己者，物爱之；厚己者，物薄之。

——张良

贫困者所缺甚多，而贪婪者缺少一切。

——塞涅卡

寻欢作乐会导致痛苦，沽名钓誉会使人臭名昭著。

——杨格

凶恶是毒害我们生活的毒药。

——车尔尼雪夫斯基

小谨者不大立，訾食者不肥体。

——管子

彼节者有间，而刀刃者无厚；以无厚入有间，恢恢乎其于游刃必有余地矣。

——庄子

以子之矛，攻子之盾。

——韩非子

取火泉源，钓鱼山巅，鱼不可得，火不肯燃。

——焦延寿

正其末者端其本，善其后者慎其先。

——潘岳

举一纲而众目张，弛一机而万事隳。

——王通

取法于上，仅得为中；取法于中，故为其下。

——唐太宗

蚍蜉撼大树，可笑不自量。

——韩愈

我们只有隔着一定的距离才能看到美，距离本身能够美化一切。

——费舍尔

有超脱才有幽默。在批评一个无能的政府时，聪明的政客至多能讽刺，老百姓却很善于幽默。因为前者觊觎着权力，后者则完全置身在权力斗争之外。

——周国平

群星从不与我们摩擦，所以永葆辉煌。神性需要尊严，亲近滋生轻慢。

——葛拉西安

要爱邻居，但不要拆掉与邻居的距离。

——富兰克林

我们曾是朋友，但彼此却很陌生。

——尼采

友谊和花香一样，还是淡一点的比较好，越淡的香气越使人依恋，也越能持久。

——席慕蓉

朋友常常必须隔开一段时间和空间的距离才能友好地相处。

——何怀宏

对于终日接近的人，反而只有在离开以后才能够充分了解。

——屠格涅夫

相爱的人一旦没有了距离，分寸感便丧失，随之丧失的是美感、自由感、彼此的宽容和尊重，最后是爱情。

——周国平

敬甚则不亲，亲甚则不敬。

——王仕之

遥远就是一种魅力，又何必孜孜以求亲密无间？

——徐东祥

一个人应该永远保持一点神秘感。

——王尔德

文人宜散不宜聚。

——孙犁

魅力产生于距离与神秘感之中，如语言到与未到之间，行为至与未至之间。

——公方彬

一个天才往往难于发现自己，也往往难于被亲友所发现。我甚至可以说得更严重些，一个天才——至少是文学上的天才，根本不可能被他的熟人所发现，他们跟他太熟悉了，他处在他们注意的焦点之外，他们不可能看出他的才能有多大，他们不可能体会到他和他们之间有很大的差异。

——马克·吐温

在人生中还有比成功和幸福更重要的东西，那就是凌驾于一切成败福祸之上的豁达胸怀。在终极的意义上，人世间的成功和失败，幸福和灾难，都只是过眼烟云，彼此并无实质的区别。当我们这样想时，我们和我们的身外遭遇保持了一个距离，反而和我们的真实人生贴得更紧了，而真实人生就是一种既包容又超越身外遭遇的丰富的人生阅历和体验。

——周国平

居不隐者思不远，身不佚者志不广。

——荀况

常常需要一个时间距离，来检验和评价文学的力量和它完美的程度，来领会它的气息和永不凋零的美。

——巴乌斯托夫斯基

友谊 youyi

深挚的友情是最感人的。就我们自己说，我们要能多得到深挚的友谊，也许还要多注意自己怎样做人，不辜负好友们的知人之明。

——邹韬奋

友谊在我过去的生活里像一盏明灯，照彻了我的灵魂。

——巴金

在智慧提供给整个人生的一切幸福之中，以获得友谊为最重要。

——伊壁鸠鲁

友谊就是栖于两个身体中的同一灵魂。

——亚里士多德

友谊是一种责任，而不是一个机会。

——纪伯伦

真诚的友谊好像健康，失去时才知道它的可贵。

——格尔顿

友谊的基础在于两个人的心肠和灵魂有着最大的相似。

——贝多芬

友谊使欢乐倍增，使痛苦减半。

——弗朗西斯·培根

朋友间保持一定距离，而使友谊永存。

——查理士

友谊，是一把雨伞下的两个身影，是一张课桌上的两对明眸。友谊，它是理想土壤中的两朵小花，它是宏伟乐章上的两个音符。

——佚名

我们结友谊，应当选择那些在危险时能够在我们旁边作为同盟的人。

——伊索

友谊应当是不朽的。

——蒂特·李维

正如真金要在烈火中识别一样，友谊必须在逆境里经受考验。

——奥维德

朋友间必须是患难相济，那才能说得上是真正的友谊。

——莎士比亚

人的生活离不开友谊，但要得到真正的友谊并不容易；友谊需要用忠诚去播种，用热情去灌溉，用原则去培养，用谅解去护理。

——马克思

友谊也像花朵，好好地培养，可以开得心花怒放，可是一旦任性或者不幸从根本上破坏了友谊，这朵心上盛开的花，可以立刻枯萎凋谢的。

——大仲马

帮助朋友，以保持友谊；宽恕敌人，为争取感化。

——富兰克林

得不到友谊的人将是终身可怜的孤独者。没有友情的社会则只是一片繁华的沙漠。

——弗朗西斯·培根

友谊应当是不朽的。

——蒂特·李维

真正的友谊从来不会平静无波。

——赛维涅夫人

友谊是培养人的感情的学校。

——苏霍姆林斯基

友谊永远是美德的辅佐。

——西塞罗

慷慨是友谊的精华。

——王尔德

只有在平等地位的人们之间才可以有友谊和爱情的忠贞。

——黑格尔

真挚的友谊犹如健康,不到失却时,无法体味其珍贵。

——弗朗西斯·培根

友谊的一大奇特作用是:如果你把快乐告诉一个朋友,你将得到两个快乐,而如果你把忧愁向一个朋友倾吐,你将被分掉一半忧愁。所以友谊对于人生,真像炼金术所要找的那种“点金石”。它能使黄金加倍,又能使黑铁成金。

——弗朗西斯·培根

不是真正的朋友,再重的礼品也敲不开心扉。

——弗朗西斯·培根

友谊是我们哀伤时的缓和剂，激情的舒解剂，是我们的压力的流泻口，是我们灾难的庇护所。

——佚名

最亲密的友谊和最强烈的憎恨，是过于亲近的缘故。

——佚名

友谊的结合是要经过考虑与选择才能生长出来的。

——莫里哀

友谊是联结两颗同类心灵的纽带，它们既被双方的力量联结在一起，又是独立的。

——巴尔扎克

友谊首先就是互相信任。

——杜·伽尔

真正的友谊产生于共同的爱情之中。

——萨鲁斯特

倘若没有朋友，世界就会变得不可爱。

——佚名

朋友需要你今天帮助，千万不能推到明天。

——佚名

朋友的每一次背信弃义都增加了几分我们对于金钱威力的依赖。

——威廉·申斯通

一个朋友的益处比水与火更令人愉快和不可缺少。

——蒙田

对朋友让步就是得胜。

——索福克勒斯

管住你的舌头，就能保持你的友谊。

——乔叟

远在天涯的朋友使世界变得如此广袤，是他们织成了地球的经纬。

——梭罗

除了一个真心的朋友之外，没有一样药剂是可以通心的。

——弗朗西斯·培根

有了朋友，生命才显出它全部的价值。

——罗曼·罗兰

矛盾 maodun

少则多，多则惑。

——老子

知识愈高，疑问愈多。

——歌德

所禁越多，所述越多。

——佚名

你们是否知道，为什么在我们这一代爱因斯坦说出了关于空间和时间的最有卓识、最深刻的东西？因为一切关于空间和时间的哲学和数学他都没学过。

——希尔伯特

文明人制造了马车，但他的双足也就丧失了力量。

——爱默生

范本越是美妙，靠模仿写出来的作品就越是可笑。

——塞萨尔·比才

最肥沃的土壤上最容易生长莠草。

——莎士比亚

一个民族所能遭遇到的最大危险，莫过于经历了两三个开明、公正、温和但武断的国王的连续统治：人民会由于幸福而完全忘记他们的权力，因而沦为不折不扣的奴隶。

——狄德罗

害你哭的人爱你深。

——塞万提斯

人们只会同他的兄弟或亲密的朋友发生真正的争吵。

——爱因斯坦

为我们指出徒劳无益的道路的人，就像为我们指点了正确道路的人一样，替我们做了同样的好事。

——海涅

一个杰出人物受到一伙傻瓜的赏识，是可怕的事。

——希波克拉特斯

一个有力量的人常常并不是自我感觉良好的人，而倒是一个自我感觉不好的人。

——何怀宏

我们这些具有无限精神的人，就是为了痛苦与欢乐而生的，几乎可以这样说，最优秀的人物通过痛苦才得到欢乐。

——贝多芬

鼓励自己的最好的办法，就是鼓励别人。

——马克·吐温

我们的骄傲多半是基于我们的无知。

——莱辛

人最大的下贱的劣根性就在于追求名誉，但人最大的高贵的品质也在于追求名誉。

——布莱斯·帕斯卡尔

作品寥寥使人自视甚高，大量劳动使人虚怀若谷。

——巴尔扎克

我们往往因为有所自恃而失之于大意，反不如缺陷却能对我们有益。

——莎士比亚

然后知生于忧患，而死于安乐也。

——孟子

度势 duoshi

在一切大事业上，人在开始做事前要像千眼神那样察视时机，而在进行时要像千手神那样抓住时机。

——弗朗西斯·培根

功者难成而易败，时者难得而易失也。时乎时，不再来。

——司马迁

要是不能把握时机，就要终身蹭蹬，一事无成。

——莎士比亚

善于等待的人，一切都会及时来到。

——巴尔扎克

善于在做一件事的开端识别时机，这是一种极难得的智慧。

——弗朗西斯·培根

对于不会利用机会的人，时机又有什么用呢？一个不受胎的蛋，是要被时间的浪潮冲刷成废物的。

——艾略特

君子藏器于身，待时而动。

——周易

人有不为也，而后可以有为。

——孟子·离娄下

明者因时而变，知者随事而制。

——桓宽

虽有诚信之心，不知权变，危亡之道也。

——桓宽

顺风而呼者易为气，因时而行者易为力。

——桓宽

时不至不可强生也，事不究不可强成也。

——刘向

建功立业者，多虚圆之士；偾事失机者，必执拗之人。

——洪应祖

操存要有真宰，应用要有圆机。

——洪应祖

事有知其当变而不得不因者，善救之而已；人有知其当退而不得不用者，善双之而已矣。

——金兰生

善恶 shane

善虽不吾与，吾将强而附；不善虽不吾害，吾将强而拒。

——韩愈

善恶到头终有报，只争来早与来迟。

——马致远

善人者，不善人之师；不善人者，善人之资。

——老子

勿以恶小而为之，勿以善小而不为。

——陈寿

小善虽无大益，而不可不为。

——葛洪

小善不足以掩众恶，小疵不足以妨大美。

——吴兢

一毫之善，与人方便；一毫之恶，劝君莫作。

——吕岩

善恶之报，若影随形。

——刘煦

好事不出门，恶事传千里，士君子不得不戒之乎。

——孙光宪

为善易，避为善之名难；不犯人易，犯而不校难。

——林逋

善恶之殊，如水与火不能相容。

——欧阳修

美与善，有时可以一致，有时可以分家，唯既真且美的，则非善不成。

——郁达夫

为恶而畏人知，恶中犹有善路；为善而急人知，善处即是恶根。

——洪应祖

恶之显者祸浅，而隐者祸深；善之显者功小，而隐者功大。

——洪应祖

善欲人见，不是真善；恶恐人知，便是大恶。

——朱柏庐

在一个时代里面，对于最大多数的人有最大益处的东西，才能是最善的东西，最真的东西，最美的东西。

——郭沫若

在所有堕落的行径中，没有比伪君子的所作所为更加邪恶的了。伪君子总是在最虚假的时候，小心翼翼地装出最善良的样子。

——西塞罗

避开邪恶是道德的开始。

——贺拉斯

任何邪恶都具有它的诱惑性：贪婪许人以钱财，奢侈许人以快乐，野心许人以万民喝彩的王位，罪恶则说，只要你犯罪，它们就给你奖赏。

——塞内加

我们天生就向往美德，但我们却不是生来就具备美德。除非你去培养它，不然的话，除非最好的人，也只具备获得美德的素质，而不具备美德本身。

——塞内加

邪恶常能得势，但却征服不了别的东西。

——约瑟夫·鲁

人们为善的道路只有一条，作恶的道路可以有许多条。

——亚里士多德

我最恨歹人妄谈善良。

——米南德

希望你不要过双重人格的生活，故意把自己装扮得十全十美或十恶不赦，都是虚伪的。

——王尔德

美是善的另一种形式。

——第欧根尼

美高于善，美胜过丑；至善方能至美。

——爱略特

只要你勇敢地同邪恶作斗争，邪恶就不再是邪恶。

——卡莱尔

美德的存在，不仅在于回避邪恶，而且还在于不起邪恶之心。

——萧伯纳

人一怀邪念就会作恶。

——休谟

邪恶犹如山巅的滚石，顽童一旦将它推动，大人就无法将它制止。

——理·特伦奇

胆怯非但难以使人摆脱邪恶，反而总是使之更加猖獗。

——埃·伯克

虚伪是邪恶顶礼膜拜的圣君。

——拉罗什富科

我一向认为，只有把善付诸行动才称得上美。

——卢梭

“善”常常含有某些“恶”，极端的“善”会变成“恶”，极端的“恶”却不能成为善。

——维尼

善与恶是同一块钱币的正反两面。

——罗曼·罗兰

畏惧邪恶常常只能招惹灾祸。

——布瓦洛

越是善良的人，越觉察不出别人的居心不良。

——米勒

健壮的身体无法使染疾的思想复原，但善良的灵魂却能凭借自己的美德使身体保持在最佳的健康状态。

——爱默生

所谓“善”是指对人有益，所谓“恶”是指对人有害，人的幸福是衡量伦理价值的唯一标准。

——弗洛姆

自知者真，自制者善，自胜者美。

——约瑟夫·鲁

善是真与美的特殊形式，是人类品行中的真与美。

——奥弗斯特里特

善不可失，恶不可长。

——左丘明

君子莫大乎与人为善。

——孟子

我认为善的定义就是有利于人类。

——弗朗西斯·培根

善恶的区别，在于行为的本身，不在于地位的有无。

——莎士比亚

人格成熟的重要标志是：宽容、忍让、和善。

——戴尔·卡耐基

对好人行善，会使他变得更好；对恶人行善，他就会变得更恶。

——米开朗琪罗

人而好善，福虽未至，祸其远矣。

——曾子

在一切道德品质中，善良的本性在世界上是重要的。

——罗素

对自然美抱有直接兴趣永远是心地善良的标志。

——康德

与其说是为了爱别人而行善，不如说是为了尊敬自己。

——福楼拜

行善比作恶明智，温和比暴戾安全，理智比疯狂适宜。

——勃朗宁

善良——人所固有的善良，这些东西唤起我们一种难以摧毁的希望，希望光明的、人道的生活终将苏生。

——高尔基

老是考虑怎样去做好事的人，就没有时间去做好事。

——泰戈尔

善是精神世界的太阳。

——雨果

生活中的善越多，生活本身的情趣也越多。二者水乳交融，相辅相成。

——列夫·托尔斯泰

受到攻击时，我会像魔鬼一样反击，我不会屈服于任何人；但是，说到底我还是一个善良的魔鬼，最后我总是一笑了之。

——伏尔泰

人带着良心生活，就像开着有煞车的车。

——修尔堡

情感理智

师道 shidao

教师是我们国家和民族得以生存和发展的文化载体，是精神文明传递的火种，是人类灵魂的工程师。

——钱伟长

尊重老师是我们中华民族的传统美德，我们每一个人都不应该忘记。

——江泽民

人非圣贤，不能孑然有所成就，亲师而外，取友为急。有师有友，方不孤陋寡闻。

——毛泽东

我们深信如果全国教师对于儿童教育都有鞠躬尽瘁、死而后已的决心，必能为我们的民族创造一个伟大的生命。

——陶行知

民之所好好之，民之所恶恶之。教人民进步者，拜人民为老师。

——陶行知

凡学之道，严师为难。师严然后道尊，道尊然后民知敬学。

——戴圣

教师要有高度的自我牺牲精神，目的不必在使自己登上科学的最高峰，但要使更多的青年登上科学的最高峰。这样的教师自然也就登上了教育科学的最高峰。

——郭沫若

幼苗茁壮园丁喜，几人知，平时辛苦，晚睡早起?! 燥湿寒温荣与悴，都在心头眼底。费尽了千方百计。他日良才承大厦，赖今朝血汗番番滴。光和热，无穷际。

——赵朴初

教师好比一支蜡烛，不断地燃烧、消耗着自己，照亮着别人前进的道路；又像一根粉笔，撒播着智慧的种子，把知识传授给别人，而渐渐损磨着自己；又像一把梯子，让人踩着自己的肩膀攀上高峰，去采摘胜利的果实。

——罗国杰

不要教死的知识，要授之以方法，打开学生的思路，培养他们的自学能力。

——丁肇中

教师的职务是“千教万教，教人求真”。

——陶行知

应该使教师在经济方面得到保障，并提高他们的社会地位，因为我认为他们在从事当代最重要的工作。

——库什

教育是这一代对下一代的债务。

——乔治

教师是人类灵魂的工程师。

——斯大林

教师就像蜡烛，点燃了自己，启发了学生。

——路费尼

老师不是教官，不是上帝，他不是一切都知道，他也不可能一切都知道。假如他装作一切都知道的样子，那么你们宽恕他就是，但不要相信他！相反地他若承认，他不是一切都知道，那你们要爱戴他！因为他是值得你们爱戴的。

——凯斯特纳

如果一个人传授的知识没有一点是无用的，那他在这个领域就是一个非常出色的大师。

——歌德

如果一个教师把热爱事业和热爱学生结合起来，他就是一个完美的教师。

——契尔那葛卓娃

教导员不应当在漠不关心地研究学生的过程中来认识学生，而应当在和他共同工作和积极帮助他的过程中来认识学生。

——马卡连柯

一个好的教师，是一个懂得心理学和教育学的人。

——苏霍姆林斯基

必须首先了解孩子的内心活动，单凭某些专门的手段是学不到这种本领的。只有依靠教育者高度的情感和道德修养才能做到这一点。

——苏霍姆林斯基

知识是必须补充的，当教师的人不仅是教师，同时也是学生。

——加里宁

教师像一支红烛，燃烧得越旺，心里越欢畅，燃烧得越彻底，心里越快慰，即使燃烧到最后，也还要进行勇敢地冲刺……

——巴特尔

园丁的汗水，在绿叶上闪光；教师的汗水，在心灵中结果。园丁的梦境，常常是花的芳香，叶的浓荫；教师的梦境，常常是稚甜的笑脸，琅琅的书声……

——巴特尔

教师不仅是知识的传播者，而且是模范。

——布鲁纳

教师的影响是永久的。教师决不能停止自我感化。

——亚当斯

与其为成人造班房，不如为学生建学堂。

——伊·库克

对一个教师来说，最大的危险就是自己在智力上的空虚，没有精神财富的储备。

——苏霍姆林斯基

一个要教育别人的人，最有效的办法是首先教育好自己。

——笛福

你要记住，在敢于担当培养一个人的任务以前，自己就必须要造就一个人，自己就必须是一个值得推崇的模范。

——卢梭

情感 qinggan

爱就意味着忘我，为了爱人而忘我。

——阿尔布卓夫

一位统帅必须具备某种深厚的感情才能激发自己身上的巨大力量，这种感情可以是恺撒身上的功名心，可以是汉尼拔身上的仇恨感，也可以是腓特烈大帝身上的宁愿光荣失败的豪迈感。

——克劳塞维茨

卑鄙与伟大、恶毒与善良、仇恨与热爱是可以互不排斥地并存在同一颗心里的。

——毛姆

要想了解自己，就要观察别人的行为，要想理解别人，就请体察你自己的心吧。

——席勒

对心灵来说，没有微不足道的小事。

——巴尔扎克

人们无穷无尽地痛斥情感，人们把人的一切痛苦都归罪于情感，而忘记了情感也是他的一切快乐的源泉。因此，情感就其本身性质来说，是一种既不能说得太好也不能说得太坏的因素。但使我感到不平的是人们总从坏的方面来看情感。

——狄德罗

与其过有思想的生活，莫如去体验有情感的生活。

——济慈

无情未必真豪杰，怜子如何不丈夫。知否兴风狂啸者，回眸时看小於菟。

——鲁迅

感情有股熏陶的力量：一个人不论如何粗俗，只要表现出一股真实而强烈的情感，就有种特殊的气息，使容貌为之改观，举动有生气，声音有音色。

——巴尔扎克

只有经受了考验，经历了生活患难的感情，才是真正的感情。

——格·马尔科夫

野心、贪婪、自爱、虚荣、友谊、慷慨、公共精神，这些在不同程度上掺杂在一起而遍布社会的情感，自有史以来一直是所有行动和事业的动因。它们已为人类所注视。

——休谟

仁者爱万物。

——司马迁

兼相爱，交相利。

——墨翟

什么是爱？爱就是无限的宽容，些许之事亦能带来的喜悦。爱就是无意识的善意，自我的彻底忘却。

——萨尔丹

爱是真正促使人复苏的动力。

——歌德

爱之为物，本是火的精华，空灵、倏忽、飘洒，并非重浊而下沉，却是轻清上浮而欲化。

——莎士比亚

除了理智的爱以外，没有别种的爱是永恒的。

——司汤达

爱是使奋进的火炬熊熊燃烧的创造的火焰和灵感。

——威·阿波特森

爱，有如花冠上的露珠，只会逗留在清纯的灵魂里。

——拉姆奈

只有拥有高尚目标的爱才是崇高的、值得赞美的。

——柏拉图

人的恨比爱更坚定。如果我讲过一句话曾伤害了某个人，我再对他说多少好话也无济于事。

——鲍斯威尔

爱情、友谊和尊重都不能像共同的仇恨那样把人们联合在一起。

——契诃夫

和最高尚的美德以及最凶恶的狗一样，最大的仇恨也是默不作声的。

——里克特

愤恨是毒化精神的毒剂，它使人得不到快乐，并且把争取成功的巨大能量消耗殆尽。

——马克斯威尔·马尔兹

忧愁一旦进入人的心里，便会完全占据它，直到止息。

——琼森

人们总处在厌烦之中，直到厌烦已成为一种神秘的体验。

——洛·皮·史密斯

古人愁不尽，留与后人愁。

——范成大

忧郁万岁，这是人生欢乐的阴沉的母亲！

——雷马克

割不断的亲，离不开的邻。

——佚名

只要思想未遭锢蔽的人，谁都喜欢子女比自己更强，更健康，更聪明高尚，更幸福。

——鲁迅

所有幸福的家庭，幸福都是相似的；每个不幸的家庭，不幸却各不相同。

——托尔斯泰

没有哪家父母会认为自己的孩子长得丑。

——塞万提斯

别离 *bieli*

独在异乡为异客，每逢佳节倍思亲。

——王维

花映垂杨汉水清，微风林里一枝轻。即今江北还如此，愁杀江南离别情。

——常建

杨柳东门树，青青夹御河。近来攀折苦，应为别离多。

——王之涣

客从长安来，还归长安去。狂风吹我心，西挂咸阳树。此情不可道，此别何时遇？望望不见君，连山起烟雾。

——李白

故人行役向边洲，匹马今朝不少留。长路关山何日尽，满堂丝竹为君愁。

——张渭

想人生最苦离别。花谢了三春近也，月缺了中秋到也，人去了。

——张鸣善

怕相思，已相思，轮到相思没处辞，眉间露一丝。

——俞彦

没有梦的人生是可悲的，没有梦的青春是暗淡的。青春，应该有许多梦。

——赖济煌

别方不定，别理千名。有别必怨，有怨必盈。使人意夺神骇，心折骨惊。

——江淹

洛阳亲友如相问，一片冰心在玉壶。

——王昌龄

春风知别苦，不遣柳条青。

——李白

死别已吞声，生别常恻恻。

——杜甫

人生有离合，岂择衰盛端。

——杜甫

蜡烛有心还惜别，替人垂泪到天明。

——杜牧

不应有恨，何事长向别时圆。人有悲欢离合，月有阴晴圆缺，此事古难全。但愿人长久，千里共婵娟。

——苏轼

莫道男儿心如铁，君不见满山红叶，尽是离人眼中血。

——董解元

壮别天涯未许愁，尽将离恨付东流。

——李大钊

昏鸦恋晚树，孤雁入寥天。唯有交游旧，临歧竟怅然。

——周恩来

爱情 aiqing

和谐就是纯粹的爱情，因为爱情就是协调。

——维加

平等往往是爱的最终有力的纽带。

——列辛格

没有尊重爱情就不能发展。

——小仲马

真正的爱情不是诞生在恋爱的始端，而是在恋爱过程中达到心心相印的结果。

——王维生

爱情有如甘霖，没有了它，干裂的心田，即使撒下再多的种子，终不可能滋发萌芽的生机。

——三毛

趋势而纯洁的爱情，一定渗有对心爱的人的劳动和职业的尊重。

——邓颖超

爱情使一个人抛舍了自己的一半给爱人，又从爱人那里得到了新的一半。

——陈超南

爱情不仅不能买，而且金钱必然会扼杀爱情。

——卢梭

建筑在美貌之上的爱情定会如美貌一样很快地消失。

——约·多罗曼

有爱情就有婚姻,没有爱情的结婚是卖淫。

——霍姆斯

诗人常说爱情是盲目的,但不盲目的爱毕竟更健全更可爱。

——傅雷

真诚的爱情比金石坚,似朝霞升出在山之巅!它吹拂着辽阔的大地,使花的芬芳香遍人间。

——歌德

世界上,只要有男女存在,爱情就会永远存在。

——白石浩一

爱情,这是曙光的呼声;爱情,这是良宵的赞歌。

——雨果

贫病知朋友,离乱识爱情。

——席勒

爱情的欢乐虽然是甜美无比,但只有在光荣与美德的地方才能生存。

——古尔内尔

吻是爱情的契约之印。

——莎士比亚

爱情是所有幸福之冠。

——弥尔顿

爱情是一种永久的信仰。

——罗曼·罗兰

爱情既给人以享受，同时又符合人的义务感。

——瓦西列夫

爱情需要薄薄的一层忧伤，需要一点点嫉妒、疑虑、戏剧性的游戏。

——瓦西列夫

青春的爱情之吻是一个长长的吻。

——拜伦

眼泪是爱情的香料，浸在眼泪中的爱情是最可爱的爱情。

——司各特

友谊可能、而且常常发展成爱情，但是爱情却永远不会下降为友谊。

——拜伦

猜忌是毁灭爱情的最恶毒的养料。

——巴尔扎克

爱情在法国是一幕喜剧，在英国是一幕悲剧，在意大利是一幕歌剧，在德国是一幕闹剧。

——布莱

或许伟大的爱情永远得不到回报。

——达格·哈马舍尔德

爱情是不见火焰的烈火。

——卡蒙斯

爱情是人类精神的一种最深沉的冲动。

——瓦西列夫

爱情能减少女人的文弱，增加男人的勇气。

——李斯特

爱情可以化陋室为宫殿。

——尔维

爱情如月，不盈则缺。

——塞居尔

爱情是用幻想刺绣出来的天然的画布。

——福尔特尔

忠诚是培养爱情的养料。

——巴尔扎克

爱情的悲剧在于冷漠。

——毛姆

爱情原如树叶一样，在人的忽视里绿了，在忍耐里吐出蓓蕾。

——何其芳

生命诚可贵，爱情价更高。
若为自由故，二者皆可抛。

——裴多菲

坦白的爱情自有它的预感，知道爱能生爱。

——巴尔扎克

爱情是两个相似的天性在无限感觉中和谐的交融。

——别林斯基

壮志和爱情是伟大行为的双翼。

——歌德

爱情有温柔，也有狂暴。

——莫里哀

爱情似火，一熄即难以复燃。

——蒙田

你能用金钱买来的爱情，别人也能用金钱把它买去。

——彭斯

爱情比死更坚强。

——所罗门

爱情必须时时更新，生长，创造。

——鲁迅

战士自有战士的爱情：忠贞不渝，新美如画；一切额外的贪欲，只能使人感到厌烦，感到肉麻。

——郭小川

毫无经验的初恋是迷人的，但经受得起考验的爱情是无价的。

——马尔林斯基

爱情，是一种炽热的感情，一定要让理智做心灵的主宰。

——苏霍姆林斯基

爱情不仅能够移山倒海，而且还可以使得人们在阳光下面羽化飞升，飞到太阳底下；也可以把人抛进低级趣味的泥坑。

——柯切托夫

对于一个善于创造精神财富的人来说，没有第一次、第二次爱情，只有唯一的爱情。

——苏霍姆林斯基

友谊有许多名字，然而一旦有青春和美貌介入，友谊便被称作爱情，而且被神化为最美丽的天使。

——克里索斯托

通过肉体的结合来寻找爱情，是愚蠢的幻想。

——瓦西列夫

爱情是不受制约的；一旦制度想施淫威，爱情就会振翅远走高飞；爱神和其他诸神一样，也是自由自在的。

——乔叟

爱情是叹息吹起的一阵烟；恋人的眼中有它净化了的火星；恋人的眼泪是它激起的波涛。它又是智慧的疯狂，鲠喉的苦味，吃不到嘴的蜜糖。

——莎士比亚

在恋爱中的人们，越是到处宣扬着他们的爱情的，他们的爱情越是靠不住。

——莎士比亚

没有爱情的婚姻，有人说，是一把没有钥匙的锁，和对你无情无义的人结婚，就是一种掠夺。

——塞·巴特勒

你能做到爱而不怜吗？爱情和怜悯本是孪生姐妹。

——德莱顿

幸福 xingfu

积爱成福，积怨成祸。

——刘向

只有整个人类的幸福才是你的幸福。

——狄兹根

求爱的人得爱；舍身友谊的人有朋友；殚精竭虑要创造幸福的人

便有幸福。

——莫罗阿

幸福是生活的唯一鼓励。一旦幸福化成泡影,生存就只是一种恼人的煎熬了。

——桑塔亚那

自私的幸福变成了人生惟一的目标之后,不久人生就变得没有目标了。

——罗曼·罗兰

幸福寓于真正的工作里。

——阿渥雷琉欧斯

为了要活得幸福,我们应当相信幸福的可能。

——列夫·托尔斯泰

人是自己幸福的创造者,如果你要幸福,你就会幸福。

——契诃夫

只有在对美好事物的自觉追求中才会有真正的幸福。

——高尔基

人找到生活的意义才是幸福。

——尤里·邦达列夫

只有认为自己是幸福的人才能享受到幸福。

——塞·约翰逊

幸福存在于大量愉快的意识之中。

——塞·约翰逊

一般人将其一生幸福,寄托于外界事物上,或是财产、地位、爱妻和子女,或是朋友、社会等等,一旦失去了他们,或是他们令他失望,他的幸福根基也就毁了。

——叔本华

当功名认为伟大和光荣只在于获得新知识，并摈弃满足和私欲的动机的时候，才是真正幸福的时刻。

——圣西门

只要你在追求幸福，那么在任何时候都不会幸福，即使你已得到最心爱的东西。

——海赛

获得幸福的秘诀，并不在为了追求快乐而全力以赴，而是在全力以赴之中寻出快乐。

——纪德

我们不应该追求那种浅薄、瞬息即逝、海市蜃楼般的幸福。确立坚实的主体精神，不为环境所左右，也不为命运所桎梏，能克服任何困难，坚强有力而又悠然自得地度过自己的人生，我认为这本身就可谓是真正的幸福，绝对的幸福。

——池田大作

聪明有识的人是不喜欢闹闹嚷嚷、玩玩乐乐的事情的，只有那些没有思想的人才喜欢这种无聊的事情，才认为糊糊涂涂地过日子是幸福的。

——卢梭

幸福就像那些星星，它们不能遍及整个星空；它们之间有空隙。

——泰戈尔

幸福就是至善。

——亚里士多德

人格是大地之子最崇高的幸福。

——歌德

幸福的根源在于知识。

——左拉

如果你能成功地选择劳动，并把自己的全部精神灌注到它里面去，那么幸福本身就会找到你。

——乌申斯基

最大的幸福是在一年结束之际感到自己比年初时更好了。

——托尔斯泰

身为男儿，不能找出工作中包含的生活意义，应该说是最大的不幸。

——池田大作

要求个人的幸福，必不可不求全人类的幸福。

——恽代英

只有整个人类的幸福，才是你的幸福。

——狄慈根

只有那些不仅仅为了自己的幸福，也能为他人的幸福而出力的人，才能得到真正的幸福。

——池田大作

人是自身幸福的设计师。

——弗朗西斯·培根

你想成为幸福的人吗？但愿你首先学会吃得起苦。

——屠格涅夫

不加节制就有害于快乐。节制并不是快乐之祸,而是快乐之药。

——蒙田

对一个人来说,所期望的不是别的,而仅仅是他能全力以赴和献身于一种美好事业。

——爱因斯坦

有研究兴味的人是幸福的!能够通过研究使自己的精神摆脱妄念并使自己摆脱虚荣心的人更加幸福。

——拉美特利

只要你有一件合理的事去做,你的生活就会显得特别美好。

——爱因斯坦

幸福越与人共享,它的价值越增加。

——森村诚一

那些为共同目标劳动因而使自己变得更加高尚的人,历史承认他们是伟人;那些为最大多数人们带来幸福的人,经验赞扬他们为最幸福的人……

——马克思

美好 meihao

青春在人的一生中只有一次,而青春时期比任何时期都最强盛最美好,因此千万不要使自己的精神僵化,要把青春保持永远。

——别林斯基

贞洁跟美貌碰在一起,就像在糖里加上蜜。

——莎士比亚

美向四面流泻欢乐,放射出幸福的火花,在黑暗里发出光明,在命运里绣上金线，是雅致、谐和、仁爱的总汇。

——雨果

外貌只能取悦一时，内心美方能经久不衰。

——歌德

所谓大师，就是这样的人：他们用自己的眼睛去看别人见过的东西，在别人司空见惯的东西上能够发现出美来。

——罗丹

美是一种善，其所以引起快感，正因为它善。

——亚里士多德

应该学会把心灵的美看得比形体的美更可珍贵。如果遇见一个美的心灵，纵然他在形体上不甚美观也应该对他起爱慕，凭他来孕育最适宜于使青年人得益的道理。

——柏拉图

美丽的身材可以吸引真正的倾慕者，但是要持久地吸引他们，需要有美丽的灵魂。

——科尔顿

用劳动来创造美的时候，美才能使人的情操更为高尚。

——苏霍姆林斯基

在感觉中有乐，在情操中有德，在艺术中有美，在推理中有真，在同类的交往中有爱。

——雪莱

善在美的后面，是美的本原。

——普洛丁

美是善良和诚挚之母。

——苏霍姆林斯基

美貌的人并不都有其他方面的才能。……所以,许多容颜俊秀的人却一无作为,他们过于追求外形的美而放弃了内在的美。

——弗朗西斯·培根

失去了真,同时也失去了美。

——别林斯基

在活生生的现实里有很多美的事物,或者更确切地说,一切美的事物只能包括在活生生的现实里。

——别林斯基

朴素是艺术作品的必不可少的条件;就其本质而言,它排斥任何外在的装饰和雕琢。

——别林斯基

有用的,不过就是有用的;美的,不过就是美的;有用而又美,这就是崇高了。

——雨果

人的美丽可爱,不仅仅是由于他的容貌,首先决定他的精神面貌。一个品质高尚的人,永远是年轻而美丽的。

——冯雪峰

名誉和美德是心灵的装饰。要没有它,那肉体虽然真美,也不应该认为美。

——塞万提斯

从美的事物中找到美,这就是审美教育的任务。

——席勒

如果迫使人进入社会的是需要，在人们心里培植社会原则的是理性，赋予人以社会性格却只有美。只有审美的趣味才能导致社会的和谐，因为它在个体身上奠定和谐。

——席勒

外表的纯洁和优雅应是内心纯洁和美丽的反映。

——别林斯基

假如没有内在的美，任何外貌的美都是不完备的。

——雨果

美德有如宝石，最好是用素净的东西镶嵌。

——弗朗西斯·培根

只有美的交流，才能使社会团结，因为它关系到一切人都共同的东西。

——席勒

作品的善在于思想，美在于辞章雕饰。善与美都是可喜的。

——但丁

凡是使生命扩大而又使灵肉强健的一切，便是善的；凡是使生命减缩而又加以危害和压榨的一切，便是坏的。

——杰克·伦敦

照天性来说，人都是艺术家。他无论在什么地方，总是希望把"美"带到他的生活中去。

——高尔基

世界最自然之美，乃基于精神上的诚与真。

——沙甫特慈白利

人是按美的规律来造型的。

——马克思

不应只修饰外表。应该懂得,美存在于行为,即存在于每天的生活之中。

——台利斯

凡是有美和生命的地方就有诗。

——屠格涅夫

只要我活着,天空、云彩和生命的美就会跟我同在。

——卢森堡

朴素而天下莫能与之争美。

——庄子

对于丑恶没有强烈憎恨的人,也不会对于美有强烈的执著。

——茅盾

只有强有力的人才懂得爱,只有爱才能把握美。

——瓦格纳

美不在乎外表,而在乎内在的精神。

——郭沫若

美名未必一定包含着美德。

——鲁迅

一个女人的仪容和表情比她身上的穿戴更为重要。

——戴尔·卡耐基

我所理解的"美",是各种材料——也就是声调、色彩和语言的一种结合体,它赋予艺人的创作——创造品——以一种能影响情感和理智的形式,而这种形式就是一种力量,能唤起人对自己的创造才能感到惊奇、骄傲和快乐。

——高尔基

我们唯一的美学法典，就是生活。

——弗兰科

完善的外形，或是广义的鉴赏力为显而易见的完善，就是美，相应不完善就是丑。因此，美本身就是使观者喜爱，丑本身就使观者嫌厌。

——鲍姆嘉通

情趣 qingqu

王孙游兮不归，春草生兮萋萋。

——刘安

虽无丝竹管弦之盛，一觞一咏，亦足以畅叙幽情。

——王羲之

少无适俗韵，性本爱丘山。久在樊笼里，复得返自然。

——陶渊明

结庐在人境，而无车马喧。问君何能尔，心远地自偏。

——陶渊明

以闲为自在，将寿补蹉跎。

——刘禹锡

纳爽耳目变，玩奇筋骨轻。

——刘禹锡

无丝竹之乱耳，无案牍之劳形。

——刘禹锡

竹径通幽处，禅房花木深。

——常建

欲平其心以养其疾，于琴亦将有得焉。

——欧阳修

凡物皆有可观。苟有可观，皆有可乐，非必怪奇伟丽者也。

——苏轼

坐对真成被花恼，出门一笑大江横。

——黄庭坚

人得交游是风月，天开图画即江山。

——胡仔

清人不借外景为襟怀，高士不以尘识染情性。

——吕坤

宠辱不惊，闲看庭前花开花落；去留无意，漫随天外云卷云舒。

——洪应祖

寻常风月，等闲谈笑，称意即相宜。

——纳兰性德

病起翻书如访旧，春来养竹胜添丁。

——袁枚

以诗常会友，唯德自成邻。

——臧克家

幽默当然用笑来发泄，但是笑未必就表示着幽默。

——钱锺书

玩笑与幽默不仅令人开怀，而且还常有妙用。

——西塞罗

安闲有益于身心。

——奥维德

缺乏幽默感的人不能算是完善的人。

——柯勒律治

生活中有三种纯洁而又持久的乐趣，均来自无生命的东西，那就是图书、绘画和自然界。

——威·赫兹里特

悠闲是哲学之母。

——托·霍布斯

千金不足惜，宁静价连城。

——莫泊桑

有时间增加自己精神财富的人才是真正享受到安逸的人。

——梭洛